2020 Investment Report on
China's Agricultural Industry

2020
中国农业产业投资报告

| 杨凌农业高新技术产业示范区管委会
科技部中国农村技术开发中心
西北农林科技大学 | 主编 |

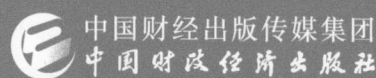

图书在版编目（CIP）数据

2020中国农业产业投资报告／杨凌农业高新技术产业示范区管委会，科技部中国农村技术开发中心，西北农林科技大学主编．—北京：中国财政经济出版社，2020.11

ISBN 978-7-5223-0108-2

Ⅰ.①2… Ⅱ.①杨…②科…③西… Ⅲ.①农业投资–研究报告–中国–2020 Ⅳ.①F323.9

中国版本图书馆CIP数据核字（2020）第193736号

责任编辑：苏小珺　　责任校对：胡永立
版式设计：楠竹文化　　责任印制：张　健

2020中国农业产业投资报告
2020 ZHONGGUO NONGYE CHANYE TOUZI BAOGAO

中国财政经济出版社 出版

URL：http://www.cfeph.cn

E-mail：cfeph@cfemg.cn

（版权所有　翻印必究）

社址：北京市海淀区阜成路甲28号　邮政编码：100142

营销中心电话：010-88191522

天猫网店：中国财政经济出版社旗舰店

网址：https://zgczjjcbs.tmall.com

北京虎彩文化传播有限公司印刷　各地新华书店经销

成品尺寸：185mm×260mm　16开　11.5印张　265 000字

2020年11月第1版　2020年11月北京第1次印刷

定价：120.00元

ISBN 978-7-5223-0108-2

（图书出现印装问题，本社负责调换，电话：010-88190548）

本社质量投诉电话：010-88190744

打击盗版举报热线：010-88191661　QQ：2242791300

《2020中国农业产业投资报告》编委会

名誉顾问：陈宗兴

顾　　问（按姓氏笔画排序）：
　　　　　　邓小明　李　婧　李九红　李兴旺
　　　　　　吴普特　钱永华　程津庆　霍学喜

主　　编：刘天军　闫振宇

副 主 编：闫小欢　邵砾群　刘军弟

参　　编：李鸟鸟　石咏慧　赵子文　崔文静　张　玲
　　　　　　杨美娟　黄　昱　王月依　任鸿燕　刘　冬

内容提要

2019年是实施"十三五"规划、决胜全面建成小康社会的冲刺之年，做好"三农"工作，进一步巩固农业农村发展好形势，具有特殊重要性。2019年，"三农"自媒体、数字农业等新业态为农业发展注入新动能，农业领域投资除集中在种植业、畜牧业及农用物资等传统行业外，农村电商、物联网、大数据工程、农业信息化服务等新兴行业也愈发受到投资者青睐，生态循环农业、智慧农业等成为本年度投资热点。

产业发展：农业综合生产力稳步提升，新业态引领农业发展新趋势

2019年，我国粮食总产量66384万吨，比2018年增加595万吨，增产0.9%；第一产业增加值70467亿元，比2018年实际增长3.1%；农村居民人均可支配收入16021元，比2018年实际增长6.2%；全国共实现1109万农村贫困人口脱贫，344个国家扶贫工作重点县脱贫摘帽；贫困发生率降低到0.6%，较2018年下降1.1%。

2019年，《关于坚持农业农村优先发展做好"三农"工作的若干意见》《关于促进小农户和现代农业发展有机衔接的意见》《关于支持做好新型农业经营主体培育的通知》等农业利好政策相继发布，农业全产业链化、"三农"自媒体、数字化成为中国农业发展趋势，数字农业、认养农业、生物农业等新业态不断涌现，为农业增效、农民增收注入了新动能。

产业投资：股权投资显著下降，非股权投资较快增长

股权投资方面：2019年农业领域投资案例273起，同比下降58.70%；投资案例金额18.72亿美元，同比下降69.04%。从投资所属农业细分领域来看，2019年农产品及食品加工领域投资热度依旧最高，投资案例187起，投资总金额达12.54亿美元。从投资区域来看，上海、北京、广西、广东等为主要集中区，投资案例数总计135起，占总投资案例数的49.5%。

非股权投资方面：2019年财政支农总额2.24万亿元，同比增长4.76%，为历年支农金额最高；涉农贷款35.19万亿元，同比增长6.6%。农业保险原保费收入672.48亿元，同比增长17.41%；农险保费赔付支出560.20亿元，同比增长42.36%。2019年外商直接投资（不含银行、证券、保险领域）新设立企业40888家，同比增长32.5%；实际使用外商直接投资金额9415亿元，同比增长5.8%。2019年，"一带一路"沿线国家（地区）对华直接投资新设立企业5591家，同比增长24.8%；对华直接投资金额（含通过部分自由港对华投资）576亿元，同比增长36.0%。

上市并购：企业上市速度显著放缓，并购金额大幅上涨

2019年，我国农业领域共有25家企业上市，其中，IPO上市12家，新三板挂牌上市13家，得到VC/PE支持的企业有10家。在25家上市企业中，按行业划分，食品制造与加工行业占比较大，在农业领域上市企业、农业IPO上市企业及新三板上市企业中分别占比64%、84%、46.16%。IPO上市的12家企业融资金额达到66.02亿美元，创历史新高。

2019年，农业产业完成股权并购案例125起，并购金额98.87亿美元，与2018年相比，并购案例数下降18.8%，并购金额上涨31.40%；全年完成资产并购案例4起。从二级行业分布来看，股权并购主要集中在农产品及食品加工行业，并购案例数占比43.20%，并购金额占比70.47%；资产并购主要集中在食品制造业，案例数量占比 50%，金额占比 80.8%。VC/PE 等投资机构对农业股权并购的案例数量支持率从 2018 年的 51.30% 下降到 2019 年的 27.20%。

投资行为：投资规模稳中有降，新兴产业持续向好

2019 年，农业领域披露投资规模达 27.74 亿美元，较 2018 年披露投资规模下降 17.64%。A 轮投资总额达 6.64 亿美元，最高融资金额达 1.31 亿美元。2019 年，我国农业产业有 11 家种植企业获得投资，涉及投资金额超过 2.08 亿美元；14 家畜牧业企业获得投资，涉及投资金额超过 7.02 亿美元；6 家农资企业获得投资，涉及投资金额超过 1.10 亿美元；54 家"互联网+"现代农业企业获得投资，已披露的投资金额达 2.61 亿美元。

2019 年全球外国直接投资 1.54 万亿美元，流量增长 3%。其中，流入发达经济体的外国直接投资达到 8000 亿美元，增长 5%；流入发展中经济体的外国直接投资 6850 亿美元，下降 2%。2019 年，世界农业食品科技领域总投资额达 198 亿美元，较 2018 年减少 4.8%；投资事件 1858 例，较 2018 年减少 15%；投资事件中单笔最高投资额达 10 亿美元。

< 1　中国农业发展概览 >

1.1　中国农产品供求关系分析 003
　　1.1.1　农产品供应稳中略升 003
　　1.1.2　农产品需求持续增长 006
1.2　2019 年中国农业发展现状 008
　　1.2.1　农业综合生产力持续提升 008
　　1.2.2　扶贫工作卓有成效，农民收入持续增长 009
1.3　中国农业产业政策 011
　　1.3.1　涉农政策现状 011
　　1.3.2　市场对涉农政策的需求 015
1.4　现代农业发展趋势 017
　　1.4.1　三产融合促进农业全产业链化 017
　　1.4.2　农业物联网推动农业数字化 018
　　1.4.3　"三农"自媒体引领农业新发展 019
1.5　农业发展新业态 020
　　1.5.1　数字农业 020
　　1.5.2　认养农业 021
　　1.5.3　生物农业 022

＜2 中国农业产业投资情况统计＞

- 2.1 中国农业产业整体投资情况 027
  - 2.1.1 社会投资情况 027
  - 2.1.2 固定资产投资情况 028
  - 2.1.3 专项资金投资情况 030
- 2.2 中国涉农产业基金情况 032
- 2.3 中国农业股权投资情况 034
  - 2.3.1 中国农业产业股权投资总体情况 034
  - 2.3.2 中国农业产业投资二级行业分布 036
  - 2.3.3 中国农业产业投资地域分布 039
  - 2.3.4 2019年投资阶段变化趋势 042
- 2.4 中国农业非股权投资情况 043
  - 2.4.1 中国财政支农的情况及特点 043
  - 2.4.2 中国涉农信贷情况 046
  - 2.4.3 中国农业产业企业债情况 059
  - 2.4.4 中国农业产业保险情况 061
  - 2.4.5 2019年中国非金融领域投资情况 065

＜3 中国农业领域企业上市情况＞

3.1 中国农业领域企业上市总体情况 071
3.1.1 上市地点分布 071
3.1.2 二级行业分布 072
3.1.3 VC/PE 支持情况 072

3.2 中国农业领域企业 IPO 上市情况 073
3.2.1 2019 年中国企业 IPO 上市总体情况 073
3.2.2 2019 年中国农业领域企业 IPO 上市情况 075
3.2.3 2010—2019 年中国农业领域企业 IPO 上市发展趋势 077

3.3 中国农业领域企业新三板挂牌情况 082
3.3.1 总体情况 082
3.3.2 二级行业分布 083
3.3.3 地区分布 084
3.3.4 VC/PE 支持情况 084

3.4 VC/PE 背景的农业企业 IPO 上市情况 085
3.4.1 VC/PE 背景的农业企业 IPO 上市及融资情况 085
3.4.2 投资回报情况 089

3.5 农业领域企业上市整体表现 092

< 4　中国农业产业并购情况 >

- 4.1 中国产业股权并购总体情况 097
  - 4.1.1 交易趋势及规模 097
  - 4.1.2 国内并购 VS 跨国并购 097
  - 4.1.3 行业分布 099
- 4.2 中国农业产业股权并购情况 101
  - 4.2.1 总体情况 101
  - 4.2.2 二级行业分布 101
  - 4.2.3 国内并购 VS 跨国并购 103
  - 4.2.4 VC/PE 支持情况 104
  - 4.2.5 地区分布 105
- 4.3 中国产业资产并购情况 106
- 4.4 农业领域并购整体表现与市场展望 107
  - 4.4.1 整体表现 107
  - 4.4.2 市场展望 108

< 5　投资热点分析 >

- 5.1 投资领域分析 111

5.1.1 农业（种植业） 111

　　5.1.2 畜牧业 115

　　5.1.3 农用物资（农药及化肥） 119

　　5.1.4 "互联网+"现代农业 123

　　5.1.5 生态循环农业 130

5.2 **投资行为分析** **133**

　　5.2.1 投资机构农业投资行为总览 133

　　5.2.2 投资机构农业投资行为变化趋势 135

< 6　投资案例分析 >

6.1 **世界农业投资形势及案例分享** **139**

　　6.1.1 2019年世界对外直接投资形势 139

　　6.1.2 2019年世界农业产业投资形势 140

　　6.1.3 世界农业巨头发展集锦 142

　　6.1.4 2019年世界典型农业产业投资案例 145

6.2 **2019年中国农业产业案例分享** **147**

　　6.2.1 VC/PE投资案例 147

　　6.2.2 上市案例 150

6.2.3 并购案例 153

6.2.4 大型机构涉足农业的案例 155

＜附　录＞

附录1　农业产业定义及分类 159

附录2　本报告投资统计数据对农业产业分类 161

附录3　2019年农业领域并购案例汇总 162

中国农业发展概览

1.1　中国农产品供求关系分析

1.1.1　农产品供应稳中略升

2019 年，我国粮食总产量 66384 万吨，比 2018 年增加 595 万吨，增产 0.9%，突破历史新高（见图 1-1）。近 10 年全国粮食产量总体呈现上涨的趋势，从 2009 年起全国粮食产量逐年增长，2015 年达到产量最高峰 66060 万吨。2016—2018 年粮食产量呈现小幅波动、总体相对稳定的态势。2019 年粮食生产再创高值，巩固了农业农村良好发展形势，充分发挥"三农"压舱石的作用，为我国应对各种风险赢得主动权，为确保经济持续健康发展奠定了良好的基础。

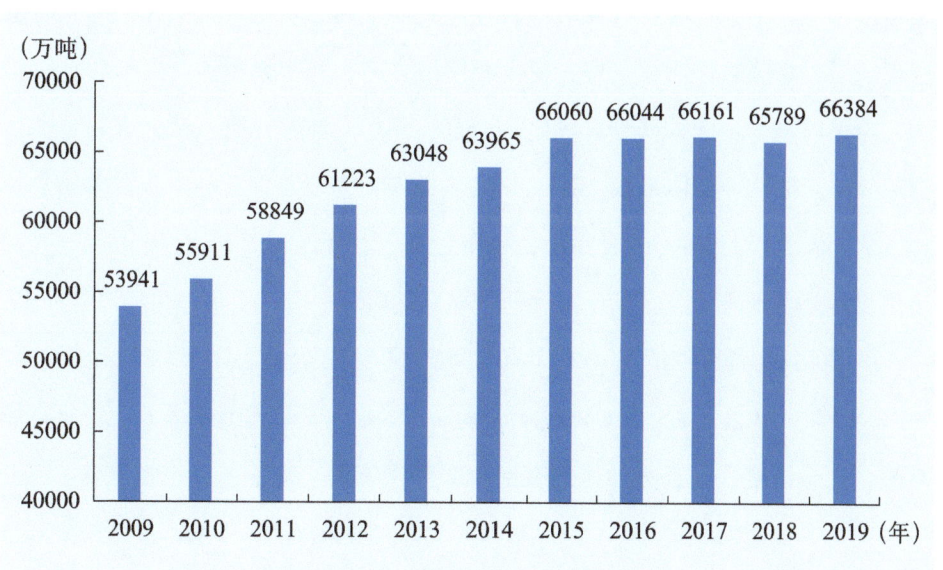

图 1-1　2009—2019 年我国粮食产量

数据来源：《国民经济和社会发展统计公报》，西部发展研究院整理，2020 年 9 月。

2019年，全国各地深入学习贯彻中央"一号文件"精神，在毫不动摇地坚持农业农村优先发展前提下，牢牢把握粮食生产的主线，大力推行"藏粮于地、藏粮于技"。同时持续落实推进农业供给侧结构性改革，在保障粮食生产能力不降低的同时，稳步推进耕地轮作休耕试点工作，调减低质低效作物种植，扩大大豆、杂粮等优质高效作物种植，因地制宜发展经济作物，全国粮、经、饲种植结构进一步优化。总体来看，2019年粮食种植面积11606万公顷，比2018年减少97万公顷。其中，小麦种植面积2373万公顷，减少54万公顷；稻谷种植面积2969万公顷，减少50万公顷；玉米种植面积4128万公顷，减少85万公顷。棉花种植面积334万公顷，减少2万公顷。油料种植面积1293万公顷，增加6万公顷。糖料种植面积162万公顷，减少1万公顷。[①]

数据显示，粮食播种面积虽略有降幅，但总产量却突破历史新高，主要得益于粮食单位面积产量水平的逐步提升。2019年，全国粮食作物单位面积产量5715公斤/公顷（381公斤/亩），比2018年增加99公斤/公顷，增长1.8%。而粮食单位面积产量的增加主要基于以下三点：一是因地制宜发展经济作物，全国粮食生产结构进一步优化。2019年，各地大力发展紧缺、绿色优质农产品生产，粮食生产品质提升，结构优化，其包含农业种植结构持续优化、农业区域布局持续优化及粮食品种结构持续优化。二是农业气候对粮食生产总体有利，夏粮作物生长期间，小麦主产区光、温、水等条件匹配较好，麦田墒情适宜，有利于夏粮作物生长。秋收粮食作物自播种以来，全国大部分农区热量适宜、降水充沛、光照正常，有利于秋粮食作物形成丰产群体。整体来看，2019年气候条件较为适宜，有利于粮食作物生长发育，占全年粮食产量96%的夏粮和秋粮单位面积产量均较2018年有所提高。2019年全国夏粮单位面积产量5370公斤/公顷（358公斤/亩），比2018年增加175.5公斤/公顷（11.7公斤/亩）；秋粮单位面积产量5820公斤/公顷（388公斤/亩），比2018年增加84公斤/公顷（5.6公斤/亩）。三是抗灾救灾措施得力，农业灾情影响有限，从全国看，大部分地区没有出现大范围灾情。据应急管理部反映，与近5

---

① 国家统计局：《2019年国民经济和社会发展统计公报》，http://www.stats.gov.cn/tjsj/zxfb/202002/t20200228_1728913.html，2020年2月28日。

年同期均值相比,前三季度全国灾情相对偏轻。尤其是东北地区西部等传统旱区降雨充沛,旱情是近几年来最轻的一年。尽管以"利奇马"为代表的几次台风给局部地区造成影响,但也给旱情较重的地区带来了降水。7月下旬以来,长江中下游地区的湖北、湖南、安徽、江西等地旱情持续发展,出现较为严重的伏秋连旱,给局部地区双季晚稻等秋粮作物生产带来一定的影响。各地区按照党中央、国务院的决策部署,积极开展抗灾救灾,加之10月份湖北、湖南等地出现有效降水,旱情对全国秋粮生产影响较有限。①

2019年棉花产量589万吨,比2018年减产3.5%。油料产量3495万吨,增产1.8%。糖料产量12204万吨,增产2.2%。茶叶产量280万吨,增产7.2%。全年猪牛羊禽肉产量7649万吨,比2018年下降10.2%。其中,只有猪肉产量下降,而其他肉类产量占比均有所提高。具体来看,猪肉产量4255万吨,下降21.3%;牛肉产量667万吨,增长3.6%;羊肉产量488万吨,增长2.6%;禽肉产量2239万吨,增长12.3%。禽蛋产量3309万吨,增长5.8%。牛奶产量3201万吨,增长4.1%(见表1-1)。

表1-1　2019年中国农产品产量情况

种类	2018年产量(万吨)	2019年产量(万吨)	增长率(%)
粮食	65789	66384	0.9
其中:夏粮	13878	14160	0.2
早稻	2859	2627	−8.1
秋粮	49052	49597	1.1
稻谷	21213	20961	−1.1
小麦	13144	13359	1.6
玉米	25733	26077	1.3
棉花	610	589	−3.5
油料	3439	3495	1.8
糖料	11976	12204	2.2
茶叶	261	280	7.2

① 中国新闻网:《统计局:2019年全国粮食产量再创新高 单产水平提高》,http://www.chinanews.com/cj/2019/12-06/9026713.shtml,2019年12月6日。

续表

种类	2018年产量（万吨）	2019年产量（万吨）	增长率（%）
肉类	8625	7649	-10.2
其中：猪肉	5404	4255	-21.3
牛肉	644	667	3.6
羊肉	475	488	2.6
禽肉	1994	2239	12.3
禽蛋	3128	3309	5.8
牛奶	3075	3201	4.1
水产品	6469	6450	-0.1
其中：养殖水产品	5018	5050	1.0
捕捞水产品	1451	1400	-5.0

数据来源：国家统计局，西部发展研究院整理，2020年9月。

尽管2019年我国粮食播种面积稳中略降，但全年粮食单位面积产量水平逐步提升，粮食总量更是突破历史新高，充分展现农业供给侧改革的巨大成效。总体来看，我国不断深化农业供给侧改革，农业绿色发展取得实效，产地环境逐步改善，"藏粮于地、藏粮于技"的发展战略得到有力推进。

1.1.2 农产品需求持续增长

伴随我国城乡居民消费升级加快，农产品供给保障能力进一步提升，我国对农产品的需求持续增加。根据农业部发布的《中国农业展望报告（2020—2029）》，未来10年，随着农业高质量发展不断取得新成效，农业农村发展短板逐渐补齐，农产品需求向优质化、绿色化、个性化、营养化发展趋势越来越明显，消费结构不断升级。分产品来看，人口增加带动口粮消费继续增长，未来10年稻米和小麦国内总消费量分别预计增长2.4%、11.8%；畜牧业生产规模不断扩大推动粗粮饲料消费和大豆压榨消费持续增长，玉米和大豆国内总消费量分别预计增长18.7%、14.5%；食物消费结构升级对动物性产品消费需求增加，肉类、禽蛋、奶制品、水产品国内总消费量分别预计增长20.7%、8.9%、39.5%和9.8%。[①] 同时随着中国与美国、巴

---

① 科学网：《中国农业展望报告（2020—2029）发布》，http://news.sciencenet.cn/htmlnews/2020/4/438637.shtm，2020年4月20日。

西、东盟、欧盟和澳大利亚及"一带一路"沿线国家的贸易伙伴关系的进一步加强，农产品进口将不断扩大，进口来源更加多元。因此，未来农产品发展重点为增产保供能力的进一步提升。

2019年，我国农产品进出口额2300.7亿美元，同比增长5.7%。其中，出口791.0亿美元，同比减少1.7%；进口1509.7亿美元，同比增长10.0%；贸易逆差718.7亿美元，同比增长26.5%[①]。1998—2019年我国农产品进出口情况见图1-2。

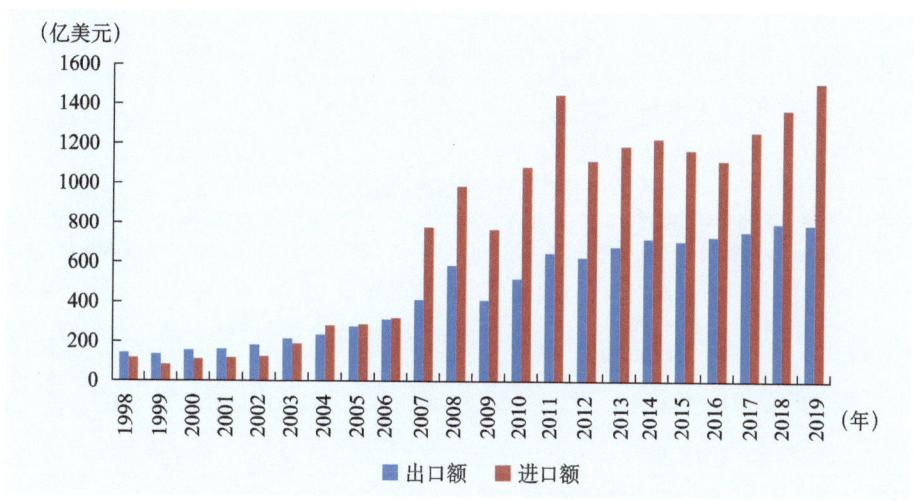

图1-2　1998—2019年中国农产品进出口额

数据来源：国家统计局相关年份统计年鉴，西部发展研究院整理，2020年9月。

具体来看，2019年，随着农业供给侧改革的推进，谷物进口量连年下降，2019年我国累计进口谷物和谷物粉1785万吨，较2018年的2050万吨减少265万吨，减幅为12.9%。其中，小麦和玉米进口仍为小幅增加，其他产品则均表现为下降趋势：小麦进口348.8万吨，同比增长12.5%；玉米进口479.3万吨，同比增长36.0%；大米进口254.6万吨，同比下降17.3%；大麦进口592.9万吨，同比下降13.0%；高粱进口83.2万吨，同比下降77.2%。受中美贸易战的持续影响，以及非洲猪瘟对养殖业的冲击，中国进口美国大豆数量降至近10年最低水平，巴西大豆大量取代美国大豆进入中国市场，2019年我国进口大豆8851.1万吨，较2018年的8803.7万吨增

---

① 中华人民共和国农业农村部：《2019年我国农产品进出口情况》，http://www.gjs.moa.gov.cn/ncpmy/202004/t20200430_6342847.htm，2020年2月18日。

加 47.4 万吨，增幅为 0.5%。中国的油料作物生产由于受到技术落后、结构不平衡、土地资源匮乏及人口持续增长等因素的影响，近几年进口量不断增加的趋势越来越明显，2019 年食用植物油进口 1152.7 万吨，同比增长 42.5%，仍为进口大国。

2019 年，中国猪牛羊禽肉产量 7649 万吨，比 2018 年下降 10.2%。非洲猪瘟的持续影响导致短期内生猪出栏量难以快速恢复，需求继续受制于猪肉价格高企，消费占比低于历史均值，但是长期来看，猪肉消费将保持增长态势。2019 年猪肉进口 199.4 万吨，同比增长 67.2%；猪杂碎进口 113.2 万吨，同比增长 17.9%。作为猪肉的替代品，2019 年我国牛羊肉消费量快速增长，牛肉进口 166.0 万吨，同比增长 59.7%；羊肉进口 39.2 万吨，同比增长 23.0%（见表 1–2）。

表 1–2　2019 年主要农产品进口数量及增长速度

商品名称	进口数量（万吨）	增长率（%）	商品名称	进口数量（万吨）	增长率（%）
谷物	1791.8	−12.6	油菜籽	273.7	−42.5
小麦	348.8	12.5	食用植物油	1152.7	42.5
大麦	592.9	−13.0	食用油籽	9330.8	−1.3
玉米	479.3	36.0	猪肉	199.4	67.2
大米	254.6	−17.3	牛肉	166.0	59.7
大豆	8851.1	0.60	羊肉	39.2	23.0

数据来源：国家统计局，西部发展研究院整理，2020 年 9 月。

1.2　2019 年中国农业发展现状

1.2.1　农业综合生产力持续提升

2019 年在贯彻落实农业相关政策的同时，深入实施乡村振兴战略，深化农业供给侧结构性改革，对标全面建成小康社会"三农"工作必须完成的硬任务，农业不断向高质量发展推进。

2019 年，农业产业在数量上取得一定增长。2019 年，中国第一产业增加值达到70467亿元，比2018年实际增长3.1%。按当年价格计算，第一产业增加值占国内生产总值的比重为7.1%，在国民经济中占比较2018年下降0.1%，经济结构进一步优化。第一至四季度，第一产业增加值（当季值）分别为8769亿元、14438亿元、19798亿元和27462亿元，按当年价格计算，比2018年同期分别增长2.7%、3.3%、2.7%和3.4%，对国民经济增长的贡献率分别为1.8%、3.4%、4.1%和5.7%。[①]

2019年，农产品质量上得到进一步提升。伴随着种植业结构调整及农业科技投入力度的加大，农业产业更加追求高质量发展，以提高农业经营的收益率，保障农产品质量安全。2019年全国粮食播种面积为11606万公顷，比2018年减少97万公顷，下降0.8%。其中三大主粮（稻谷、小麦、玉米）播种面积稳定在9470万公顷，低质低效水稻、小麦种植面积适当调减。同时，粮食单位面积产量水平不断提高，2019年全国粮食作物单位面积产量每公顷381公斤，比2018年增长1.8%。我国高度重视农产品安全问题，新颁布实施农兽药残留限量标准1152项，农产品质量安全例行监测合格率连续5年保持在96%以上。2019年"双随机"抽检力度加大，增加产地、"三前"环节抽检比例，监测指标由2017年的94项增加到2019年的130项，2019年农产品质量安全例行监测合格率为97.4%。

2019年，农业科技上获得进一步突破：2019年农业科技进步贡献率达到59.2%，高于2018年57.5%。全国农作物耕种收综合机械化率超过70%，主要农作物自主选育品种提高到95%以上，这是我国大力推进科教兴农取得的显著成效，是我国在生物种业、重型农机、智慧农业、绿色投入品等领域自主创新的结果。同时，我国农业供给侧改革不断深化，农业绿色发展取得实效，产地环境逐步改善，化肥农药减量增效，"藏粮于地、藏粮于技"的发展战略得到有力推进。[②]

1.2.2 扶贫工作卓有成效，农民收入持续增长

2019年，贫困地区农村居民收入增长迅速，农村居民人均可支配收入进一步增

[①②] 中国经济网：《2019中国农业经济发展报告及展望》，http://www.ce.cn/cysc/sp/info/20 2006/19/t20200619_35164179.shtml，2020年6月19日。

加,同时城乡居民收入差距不断缩小,脱贫攻坚取得显著成效,农民生活水平也在逐步改善,整体呈向好趋势。

2019年,人均GDP突破1万美元大关,全国居民人均可支配收入达到30733元,较2018年增加2505元,实际增长5.8%,其中农村居民人均可支配收入16021元,实际增长6.2%,比城镇增速高1.7%,城乡居民收入比由2018年的2.69∶1缩小至2019年的2.64∶1(见图1-3)。从收入结构看,农村居民人均工资性收入6583元,占总收入比重为41.09%;人均经营净收入5762元,占比35.97%;人均财产净收入377元,占比2.35%;人均转移净收入3298元,占比20.59%。

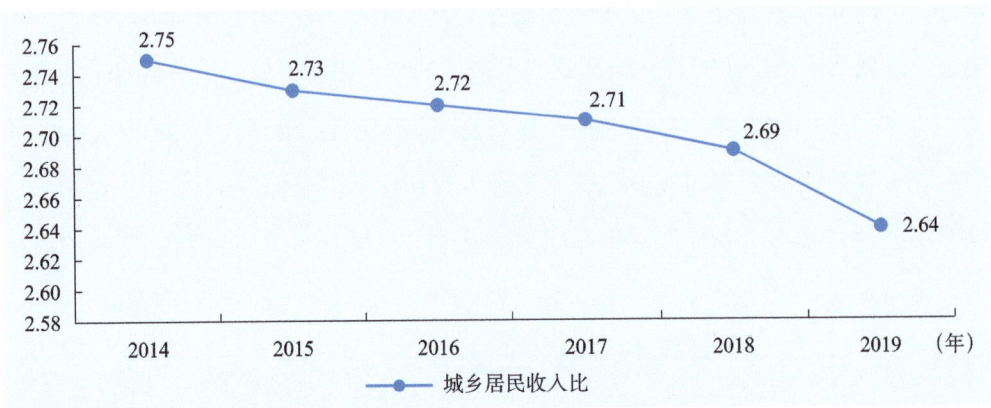

图1-3　2014—2019年中国城乡居民收入比

数据来源:国家统计局,西部发展研究院整理,2020年9月。

2019年,脱贫攻坚取得显著成效。首先,体现在整体脱贫方面,全国共实现1109万农村贫困人口脱贫,344个国家扶贫工作重点县(即"国定贫困县")脱贫摘帽,贫困发生率降低到0.6%,较2018年底下降1.1%。"三区三州"建档立卡贫困人口到2019年末已减至43万,贫困发生率降至2%(见图1-4)。目前,全国尚未摘帽的国定贫困县只剩52个。其次,体现在贫困地区农村居民收入增长方面,2019年,贫困地区农村居民人均可支配收入达11567元,比2018年增长8.0%,增速比全国农村人均可支配收入增长率高1.8%。从结构上看,2019年贫困地区农村居民人均工资性收入4082元,转移净收入3163元,财产净收入159元,此三项收入的增速均快于全国平均水平;经营净收入4163元,增速高于2018年同期水平。从贡献率看,工资、经营、财产、转移各项收入对贫困地区农村居民增收的贡献率分别为38.0%、23.0%、1.9%和37.1%。① 值得一提的是，2019年集中连片特困地区农村居民人均可支配收入为11443元，增速高于全国农村平均水平。

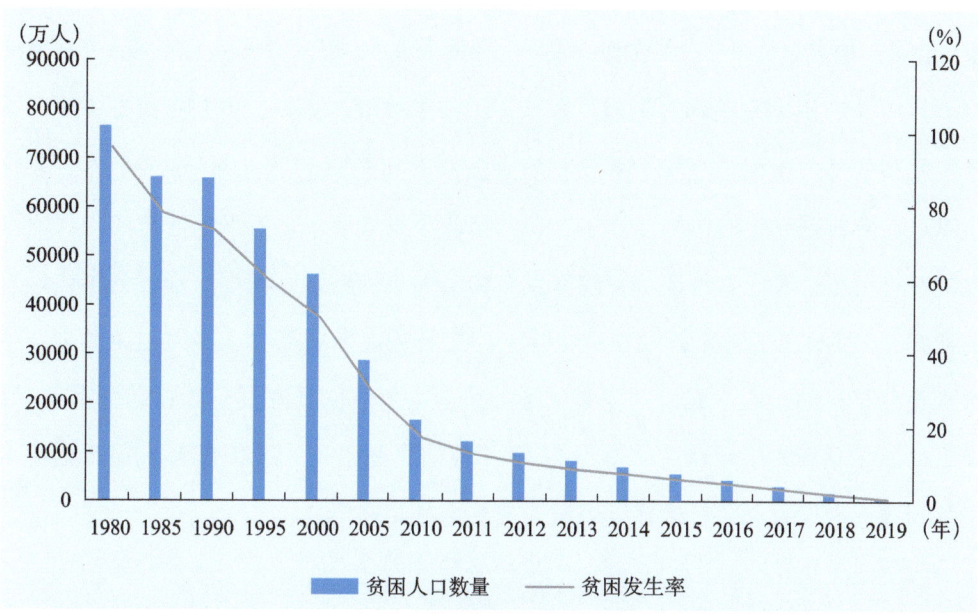

图1-4　1980—2019年中国农村贫困人口数量及贫困发生率

数据来源：国家统计局，西部发展研究院整理，2020年9月。

1.3　中国农业产业政策

1.3.1　涉农政策现状

2019年1月3日中共中央、国务院发布《中共中央、国务院关于坚持农业农村优先发展做好"三农"工作的若干意见》，这是党中央连续发出的第16个指导"三农"工作的中央"一号文件"。该文件锁定了2019年及今后一个时期内"三农"工作重点，包括聚力精准施策，决战决胜脱贫攻坚；夯实农业基础，保障重要农产品

---

① 新华网：《国家统计局：2019年贫困地区农村居民人均可支配收入11567元》，http://www.xinhuanet.com/fortune/2020-01/23/c_1125473430.htm，2020年1月23日。

有效供给；扎实推进乡村建设，加快补齐农村人居环境和公共服务短板；发展壮大乡村产业，拓宽农民增收渠道；全面深化农村改革，激发乡村发展活力；完善乡村治理机制，保持农村社会和谐稳定；发挥农村党支部战斗堡垒作用，全面加强农村基层组织建设；加强党对"三农"工作的领导，落实农业农村优先发展总方针这8个方面。

2019年，国家有关部委先后发布了多项涉农政策。其中，中共中央办公厅、国务院发布的《关于促进小农户和现代农业发展有机衔接的意见》，强调要充分发挥小农户在乡村振兴中的作用，让小农户共享改革发展成果，实现小农户与现代农业发展有机衔接；农业农村部、财政部发布的《关于支持做好新型农业经营主体培育的通知》，目的在于引导新型农业经营主体提升关键发展能力、激发内生活力，完善利益分享机制；农业农村部发布的《加快生猪生产恢复发展三年行动方案》，则旨在遏制生猪存栏下滑势头，确保2019年底前止跌回升，2020年年底前产能基本恢复到接近常年的水平，2021年恢复正常（见表1-3）。

表1-3 2019年中国农业产业政策概览

时间	发布机构	名称	内容
2019年1月3日	中共中央、国务院	关于坚持农业农村优先发展做好"三农"工作的若干意见	聚力精准施策，决战决胜脱贫攻坚；夯实农业基础，保障重要农产品有效供给；扎实推进乡村建设，加快补齐农村人居环境和公共服务短板；发展壮大乡村产业，拓宽农民增收渠道；全面深化农村改革，激发乡村发展活力；完善乡村治理机制，保持农村社会和谐稳定；发挥农村党支部战斗堡垒作用，全面加强农村基层组织建设；加强党对"三农"工作的领导，落实农业农村优先发展总方针。
2019年1月12日	国务院	关于有效发挥政府性融资担保基金作用切实支持小微企业和"三农"发展的指导意见	为进一步发挥政府性融资担保基金作用，引导更多金融资源支持小微企业和"三农"发展，规范政府性融资担保基金运作，坚持聚焦支小支农融资担保业务，切实降低小微企业和"三农"综合融资成本，完善银担合作机制，强化财税正向激励，构建上下联动机制，逐级放大增信效应，优化监管考核机制，坚守政府性融资担保机构的准公共定位，弥补市场不足，降低担保服务门槛，着力缓解小微企业、"三农"等普惠领域融资难、融资贵，支持发展战略性新兴产业，促进大众创业、万众创新。

续表

时间	发布机构	名称	内容
2019年2月21日	中共中央办公厅、国务院	印发《关于促进小农户和现代农业发展有机衔接的意见》	充分发挥小农户在乡村振兴中的作用，按照服务小农户、提高小农户、富裕小农户的要求，加快构建扶持小农户发展的政策体系，加强农业社会化服务，提高小农户生产经营能力，提升小农户组织化程度，改善小农户生产设施条件，拓宽小农户增收空间，维护小农户合法权益，促进传统小农户向现代小农户转变，让小农户共享改革发展成果，实现小农户与现代农业发展有机衔接，加快推进农业农村现代化。
2019年4月15日	中共中央、国务院	关于建立健全城乡融合发展体制机制和政策体系的意见	重塑新型城乡关系，走城乡融合发展之路，需建立健全有利于城乡要素合理配置的体制机制，建立健全有利于城乡基本公共服务普惠共享的体制机制，建立健全有利于城乡基础设施一体化发展的体制机制，建立健全有利于乡村经济多元化发展的体制机制，建立健全有利于农民收入持续增长的体制机制，促进城乡要素自由流动、平等交换和公共资源合理配置，加快形成工农互促、城乡互补、全面融合、共同繁荣的新型工农城乡关系，加快推进农业农村现代化。
2019年4月22日	农业农村部、生态环境部	关于进一步做好受污染耕地安全利用工作的通知	统筹农产品产地环境质量安全、粮食安全和农产品质量安全，进一步分解落实受污染耕地安全利用任务，建设受污染耕地安全利用集中推进区，强化重金属等污染源管控，推进耕地土壤环境质量类别划分，加强资金筹措，核算受污染耕地安全利用率，对标"土十条"目标任务，强化责任担当，狠抓措施落地，确保到2020年底，完成"土十条"规定的"421"任务。
2019年5月10日	农业农村部	关于印发农业种质遗传资源保护与利用三年行动方案的通知	进一步加强农作物种质资源和畜禽遗传资源（统称农业种质遗传资源）保护与利用，强化种质遗传资源对发展现代种业、推进农业高质量发展的基础性支撑作用。
2019年5月16日	中共中央办公厅、国务院	印发《数字乡村发展战略纲要》	立足新时代国情农情，要将数字乡村作为数字中国建设的重要方面，加快乡村信息基础设施建设，发展农村数字经济，强化农业农村科技创新供给，建设智慧绿色乡村，繁荣发展乡村网络文化，推进乡村治理能力现代化，深化信息惠民服务，激发乡村振兴内生动力，推动网络扶贫向纵深发展，统筹推动城乡信息化融合发展，整体带动和提升农业农村现代化发展。

续表

时间	发布机构	名称	内容
2019年6月28日	国务院	关于促进乡村产业振兴的指导意见	围绕农村一二三产业融合发展，与脱贫攻坚有效衔接、与城镇化联动推进，充分挖掘乡村多种功能和价值，突出优势特色，培育壮大乡村产业，科学合理布局，优化乡村产业空间结构，促进产业融合发展，增强乡村产业聚合力，推进质量兴农绿色兴农，增强乡村产业持续增长力，推动创新创业升级，增强乡村产业发展新动能，完善政策措施，优化乡村产业发展环境，强化组织保障，确保乡村产业振兴落地见效，为农业农村现代化奠定坚实基础。
2019年7月1日	农业农村部、财政部	关于支持做好新型农业经营主体培育的通知	统筹谋划，整合资源，系统设计财政支持政策，推进农民合作社、家庭农场、农业产业化联合体等新型农业经营主体健康规范有序发展，支持开展农产品初加工，提升产品质量安全水平，加强优质特色品牌创建，引导新型农业经营主体提升关键发展能力、激发内生活力，开展集约化、标准化生产，完善利益分享机制，更好发挥带动小农户进入市场、增加收入、建设现代农业的引领作用。
2019年7月23日	中共中央办公厅、国务院	印发《天然林保护修复制度方案》	完善天然林管护制度，建立天然林用途管制制度，健全天然林修复制度，落实天然林保护修复监管制度，完善支持政策，强化实施保障，加快完善天然林保护修复制度体系，确保天然林面积逐步增加、质量持续提高、功能稳步提升。
2019年9月6日	银保监会、农业农村部	关于支持做好稳定生猪生产保障市场供应有关工作的通知	引导银行业保险业支持做好稳定生猪生产，保障市场供应工作，加大信贷支持力度，创新产品服务模式，拓宽抵质押品范围，完善生猪政策性保险政策，推进保险资金深化支农支小融资试点，强化政策协调，稳定生猪生产保障市场供应。
2019年9月19日	财政部、农业农村部、银保监会、林业和草原局	关于印发《关于加快农业保险高质量发展的指导意见》的通知	紧紧围绕实施乡村振兴战略和打赢脱贫攻坚战，立足深化农业供给侧结构性改革，按照适应世贸组织规则、保护农民利益、支持农业发展和"扩面、增品、提标"的要求，进一步完善农业保险政策，提高农业保险服务能力，优化农业保险运行机制，加强农业保险基础设施建设，推动农业保险高质量发展，更好地满足"三农"领域日益增长的风险保障需求。

续表

时间	发布机构	名称	内容
2019年11月21日	国务院	关于切实加强高标准农田建设提升国家粮食安全保障能力的意见	按照农业高质量发展要求，推动"藏粮于地、藏粮于技"，以提升粮食产能为首要目标，聚焦重点区域，统筹整合资金，突出抓好耕地保护、地力提升和高效节水灌溉，大力推进高标准农田建设，构建集中统一高效的管理新体制，强化资金投入和机制创新，加快补齐农业基础设施短板，提高水土资源利用效率，切实增强农田防灾抗灾减灾能力，为保障国家粮食安全提供坚实基础。
2019年11月26日	中共中央、国务院	关于保持土地承包关系稳定并长久不变的意见	保持土地承包关系稳定并长久不变，第二轮土地承包到期后再延长30年，准确把握"长久不变"政策内涵，稳妥推进"长久不变"实施，切实做好"长久不变"基础工作，充分保障农民土地承包权益，进一步完善农村土地承包经营制度，推进实施乡村振兴战略，
2019年12月4日	农业农村部	关于印发《加快生猪生产恢复发展三年行动方案》的通知	为尽快遏制生猪存栏下滑势头，确保年底前止跌回升，应落实生猪规模化养殖场建设补助项目，加大农机购置补贴支持力度，保障养殖用地，落实财政支持项目，加大金融保险支持，继续开展生猪养殖标准化示范创建活动，帮扶中小养殖户恢复生产，开展禁养区清理工作，推进养殖项目环评"放管服"改革，加强非洲猪瘟等重大动物疫病防控，确保2020年年底前产能基本恢复到接近常年的水平，2021年恢复正常。

数据来源：公开资料，西部发展研究院整理，2020年9月。

1.3.2　市场对涉农政策的需求

（1）全面深化农业结构调整，推进农业高质量发展

2019是新一轮改革的开局之年，中央"一号文件"对新一轮农村改革作出了部署。要坚持以供给侧结构性改革为主线不动摇，围绕"巩固、增强、提升、畅通"来推进农业绿色化、优质化、特色化、品牌化，不断推动农业高质量发展，加大脱贫攻坚力度，全面推进乡村振兴，确保到2020年承诺的农村改革发展目标任务如期推进，以优异成绩庆祝新中国成立70周年。

第一，要持续优化农业结构，通过继续抓好"去库存、降成本、补短板"来巩

固玉米结构调整成果,加大稻谷去库存力度,实施大豆振兴计划,增加紧缺和绿色优质农产品供给,合理调整粮经饲结构,推进畜牧业提质增效和渔业转型升级。第二,要着力推进农业绿色发展,推行绿色种养、生态循环这些生产方式,开展农业节肥节药行动,推进畜禽粪污等农业废弃物资源化利用,扩大轮作休耕试点。第三,要狠抓农产品标准化生产、品牌创建和食品安全监管,实施农产品质量安全保障工程,健全监管体系、监测体系、追溯体系,推动形成优胜劣汰、质量兴农、品牌强农的农业发展格局。

(2)稳慎推进农村土地制度改革,激发农业农村发展活力

2019年是新中国成立70周年,是全面建成小康社会关键之年,巩固发展农业农村好形势,具有特殊重要意义,处理好农民和土地的关系仍然是深化农村改革的主线。中央"一号文件"强调,改革要守住底线,就是要坚持农村土地集体所有、不搞私有化,坚持农地农用、防止非农化,坚持保障农民土地权益、不得以退出承包地和宅基地作为进城落户的条件。

第一,保持土地承包关系稳定并长久不变。要扎实完成承包地确权登记颁证,妥善处理好、化解好遗留问题,将土地承包经营权证书发到农户手中,研究出台第二轮土地承包到期以后再延长30年的配套政策,确保政策衔接,能够平稳过渡。第二,要继续深化土地征收、集体经营性建设用地入市和宅基地制度三项农村土地制度改革。前期做好基础性工作,组织开展农村宅基地和农房的调查,摸清全国宅基地的基本情况,力争2020年基本完成宅基地使用权的确权登记颁证工作。第三,创新经营方式。完善承包地"三权分置"的法律法规和政策体系,突出抓好培育家庭农场和农民合作社这两类新型农业经营主体,同时落实扶持小农户发展政策,培育各类社会化服务组织,提高农业的经营效率和水平。

(3)落实农业农村优先发展,促进农业农村现代化

2019年中央"一号文件"最大的一个亮点就是将"坚持农业农村优先发展"确定为当前"三农"工作的总方针,并要求全党及各级政府牢固树立农业农村优先发展的政策导向,以实现农业农村现代化为总目标。在当前经济下行压力加大、外部环境发生深刻变化的复杂形势下,做好"三农"工作具有特殊重要性,坚持农业农村优先发展才能切实稳住"三农"这个基本盘,才能切实发挥"三农"压舱石作用。

牢固树立农业农村优先发展政策导向，一方面，优先考虑"三农"干部配备，把优秀干部充实到"三农"战线，把精锐力量充实到基层一线。另一方面，优先满足"三农"发展要素配置，坚决破除妨碍城乡要素自由流动、平等交换的体制机制壁垒，推动资源要素向农村流动。此外，优先保障"三农"资金投入，坚持把农业农村作为财政优先保障领域和金融优先服务领域，公共财政更大力度向"三农"倾斜。同时，优先安排农村公共服务，推进城乡基本公共服务标准统一、制度并轨。

1.4 现代农业发展趋势

1.4.1 三产融合促进农业全产业链化

习近平总书记强调要围绕农村一二三产业融合发展，构建乡村产业体系，促进产业兴旺。其核心内容是指依托农业并通过产业联动、要素集聚、技术渗透和体制机制等手段，将农业生产、农产品加工业、农产品市场服务业深度融合，纳入全产业链工业化、产业化、市场化、专业化流程，不断延伸农业产业链，提升价值链、拓宽增收链和完善利益链[①]。

近些年，三产融合理念与路径逐渐深化，不断通过产业间的相互补益和开发放大系统性效益，从而构建从田间到餐桌、从初级产品到终端消费无缝对接的农业产业链延伸融合模式和现代化农业产业新体系，促进农业全产业链的复合式、融合型和立体化发展。

第一，三产融合增加了产业链应对市场风险的能力。以农产品终端消费需求为导向，优化整合企业要素与农业资源，加快推动农业"接二连三"，大力发展农产品"产加销、贸工农"一体化，运用机械化、自动化和智能化方式发展高效农业，使信息技术与传统生产、加工、流通、服务和消费等环节融合，提高了生产效率。

---

① 王乐君、寇广增：《促进农村一二三产业融合发展的若干思考》，《农业经济问题》，2017年第6期，第82—88页、第3页。

通过利益联结方式形成部分风险共担、互惠共赢的利益共同体，进而完善利益链，降低了自然和市场风险对整个产业链的冲击。

第二，三产融合增加了产业链主体间的合作稳固性。通过契约带动、利益分配机制拉动等方式，促使农业经营主体，特别是新型经营主体，如种植大户、家庭农场、农业合作社、龙头企业等加入产业链，形成联盟，并探索出"合作社＋农户""合作社＋公司＋农户"等多种发展模式。

第三，三产融合促进了全产业链闭环生态的打造。通过功能优化和空间重构等方式打破产业边界，深入挖掘农业内部多功能价值，在商业模式、农业技术、行业业态上不断摸索出乡村旅游业、循环农业、生态农业、文化农业、创意农业、智慧农业、研学农业、康养农业、电商农业等新形式新业态，培育出经济新增长点，开发出新功能，拓展农业产业链延伸，促进全产业链循环体系的形成，提高全产业链的可持续发展能力[1]。

1.4.2 农业物联网推动农业数字化

2019年，中共中央、国务院出台了《数字乡村发展战略纲要》，明确提出要发展农村数字经济，推进农业数字化转型。而要想实现农业数字化，首要条件是实现计算机和物联网等信息技术的极大发展。只有实现物联网等信息技术的极大发展，才能有足够的技术构建现代化、智能化的信息交换系统，并作出科学决策，最终实现农业由传统农业向现代化农业的转型[2]。

从当前我国物联网技术在农业数字化建设中的应用情况来看，物联网技术在农业信息交互及农业生产方面起着重要作用。在农业信息交互方面，利用物联网技术，让农业生产者通过全球定位系统等技术和系统获得全球各地有关农业的信息，了解到其生产产品所需的土壤条件、气候要求、种植方法及专业的维护管理等信息，并通过物联网技术对这些信息进行整理和编辑，形成一条专门的技术链。此

---

[1] 白丽、陈曦、张孝义：《农产品加工企业引领三产融合发展的路径研究》，《社会科学战线》，2020年第4期，第253—257页。

[2] 陈挚、邱云桥：《数字农业助力乡村振兴的思考》，《四川农业与农机》，2019年第6期，第6—8页。

外，得益于物联网技术在农业中的应用，农业生产者可随时了解当地、全国乃至全球的农产品价格现状及近期对农产品价格未来走向的分析，根据对未来的市场供求信息预测调整来年农产品的生产情况。

在农业生产方面，通过计算机信息管理系统收集所需信息，利用农业管理决策技术对收集到的信息进行整理分析，制作适当的农业模型，最终根据定时、定位、定量的原则，对农事操作的实际情况实施针对性的管理措施，精准控制农业生产环节的各类活动。此外，借助物联网，将农业生产中的各种环境因素之间的关系及人类活动对环境的影响量化，依据量化所得数据，利用虚拟现实和可视化技术建立相应的农作物动态模型，借助数据信息采集系统检测农业生产中各环境因素之间的相互作用及其规律并最终将其应用于现实农业生产中，对农业生产起了极大的推动作用。自 2013 年以来，中国组织实施了北京、江苏、内蒙古、黑龙江和新疆兵团 5 个国家物联网应用示范工程项目，以及天津、上海、安徽、吉林和江苏 5 个农业部农业物联网区域试验工程，相继推出了 426 项农业物联网新产品、新技术和新模式，在支撑现代农业发展方面取得了显著成效[①]。

1.4.3 "三农"自媒体引领农业新发展

乡村振兴战略中提到，要充分利用各种新兴手段，加快农业转型升级。在这一政策背景下，快手、今日头条等新媒体平台预见"三农"领域的发展潜能，推出了"三农"内容扶植计划，而"三农"自媒体也应运而生。这一新兴群体以农民或农民组织为主体，以互联网技术为依托，以在线网络媒体为平台，涵盖农业、农村、农民全方位、多领域问题[②]。

"三农"自媒体的出现符合国家解决"三农"问题的政策需求，其在促进农业新发展进程中表现出了显著的优势。首先，"三农"自媒体利用网络平台为农村生态旅游、农村电商营销带来了显著收益。由于以往农村接收外部信息的延迟性及农

---

① 马晓河、胡拥军：《"互联网+"推动农村经济高质量发展的总体框架与政策设计》，《宏观经济研究》，2020 年第 7 期，第 5—16 页。
② 徐嘉敏：《"三农"自媒体的传播策略与现实困境——基于华农兄弟案例分析》，《新媒体研究》，2019 年第 12 期，第 79—81 页。

业信息对外传播的无力性,农产品销售是制约农村产业发展的短板。农村自媒体的出现,解决了宣传推广的难题,以较低的成本疏通农产品销售渠道,也能帮助农户及时了解行情,推进农业供给侧结构性改革的进程。以今日头条启动的"山货上头条"扶贫公益项目为例,该项目在实施过程中走进了甘肃、贵州等36个地区的国家级贫困县,"三农"自媒体"红人"通过短视频、网络直播等形式向头条用户展销50多种农产品,直接拉动销量近万件,总销售额超过50万元。这一项目不仅昭示着网络平台在助农惠农方面踏上崭新阶段,也为带动贫困地区的产业发展与农民增收提供了一条捷径。

其次,"三农"自媒体在吸引人才向乡村流动、促进返乡农民再创业方面存在优势。农村自媒体的勃兴为对外展现农村风土人情、田园生活打开了窗口,也为解决农村剩余劳动力转移问题提供了参考方案。例如,"巧妇9妹"运营团队中的核心人物张阳城、"乡村小乔"的创作者小乔,都是当代人才回乡创业的典例,并取得了不俗的成绩,更有媒体报道"'三农'自媒体中的大学生创作者,是中国农村未来的最大希望"[①]。

最后,"三农"自媒体在传播农业信息方面存在优势。传统农业推广工作不重视前期信息的宣传力度,偏重于成果的直接推广,这样不利于农民接受新鲜事物。通过自媒体,农民足不出户就可以了解相关的农业信息,提高对农业科技成果的认知度和接受度,并能够跟着内容、知识、贸易的改变而实时地进行相应的调动和变化。

1.5 农业发展新业态

1.5.1 数字农业

数字农业是利用数字化技术对农业生产和管理的全过程进行数字化和可视化表

---

① 吕佩:《三农自媒体的"走红"路径与价值研究》,《农村经济与科技》,2019年第9期,第228—232页。

达、设计、控制与管理。其本质是把信息技术作为农业生产力的重要因素，将工业可控生产和计算机辅助设计的思想引入农业，通过计算机、地学空间、网络通信、电子工程技术与农业的融合，在数字水平上对农业生产、管理、经营、流通、服务及农业资源环境等领域进行数字化设计、可视化表达和智能化控制，使农业按照人类的需求目标发展。[1]

从全球范围看，世界主要先进国家都把数字农业作为优先发展方向和战略重点。随着我国北斗卫星系统、高分卫星系统的业务化运营，我国也具备了建立自主可控的数字农业发展方式的条件。2017年、2018年我国数字农业建设试点项目主要针对大田种植、设施园艺、畜禽养殖、水产养殖4类产业，开展精准作业、精准控制设施设备、管理服务平台等内容建设。2019年数字农业建设试点项目则不再局限于针对特定产业开展精准作业、精准控制建设，而是更加注重示范带动农业农村整体数字化转型，提升农业生产经营和管理服务数字化水平，推动重要领域和关键环节数据资源建设，提高数字农业创新能力，增强数字技术研发推广应用能力。[2]

数字农业作为国民经济和社会信息化及"数字地球"的重要内容，是21世纪农业的重要标志，也是我国中央决策的方向，是新时代国家战略的部署，是发展现代农业必然选择的支撑技术，是驱动引领经济高质量发展的新动力，是满足人民日益增长的美好生活需要的新举措。因此，我们要继续坚持目标导向和问题导向，不断加快农业数字化建设。

1.5.2 认养农业

认养农业指生产者和消费者（认养人）之间达成的一种风险共担、收益共享的生产方式。消费者预付生产费用，生产者为消费者提供绿色、有机食品。实现农村对城市、土地对餐桌的直接对接。[3]

---

[1] 田娜、杨晓文、单东林、吴继成：《我国数字农业现状与展望》，《中国农机化学报》，2019年第4期，第210—213页。

[2] 刘海启：《以精准农业驱动农业现代化加速现代农业数字化转型》，《中国农业资源与区划》，2019年第1期，第1—6页、第73页。

[3] 《"认养农业"：农业经营新方式》，《农村经营管理》，2018年第1期，第48页。

认养农业是最近几年兴起的一种新型农业增值发展模式，符合绿色经济发展且信息交互性极强，其出现和兴起无疑是一个新的、有益的农业转型探索。简单来说，认养农业是将类似于网络游戏"开心农场"的模式搬到现实中来，既可以看作是生态观光农业的延伸和创新，也可以看作是共享经济在农业现代化中的一种表现形式。当前，这种业态已经在全国不少地区兴起。比如，在辽宁省盘锦市大洼区新立镇，当地农户就看准了"认养农业"的发展潜能，实行"农旅结合，共同发展"的模式，将农业认养开展得如火如荼；陕西省延安市安塞区高桥镇也依靠农产品认养，开辟了销售新渠道，走出了一条致富新路子。

伴随着农业供给侧结构性改革的不断深入，认养农业将会慢慢向更多的领域渗透，对促进乡村振兴、实现农业现代化具有重要意义。首先，认养人可全程监控自己的"一亩三分地"，追踪无公害、营养丰富的绿色农产品的种植生产过程，解决了传统农业不透明的行业痛点，充分保障食品安全；其次，消费者和农民直接取得联系，实现从田间到餐桌的无缝对接，大大降低滞销卖难和市场价格大幅度波动的风险；最后，有利于促进一二三产业的深度融合，提高农产品附加值，进而提高农户收入水平。

1.5.3　生物农业

生物农业指运用基因工程、发酵工程、酶工程及分子育种等生物技术，培育动植物新品种，生产生物农药、兽药、疫苗、肥料、饲料、农用材料、功能食品、生物质能源等生物性投入品，借助各种生物学过程促进动植物生长、防控动植物病虫害的农业体系。[①]

随着世界人口增加、环境污染严重，生物农业已经成为世界各国的战略重器。其以再生性资源为主要原料，能源需求较少，污染性低，兼具知识经济和循环经济的双重特征，是创造绿色GDP的产业，是农业发展到生物经济时代的一种必然趋势。当前，中国生物农业在育种、农药等领域疯狂发展。"十二五"期间，全国

---

① 朱立志、方静：《提升农业可持续生产力的瓶颈问题与对策》，《中国农业资源与区划》，2019年第4期，第9—13页。

棉花、水稻、玉米、大豆、小麦、奶牛、猪等高效规模化遗传转化技术研发取得显著突破。农作物种业市值达到1113亿元，畜禽水产种业市值3226亿元，均居世界第二位。当前，我国现有260多家生物农药生产企业，约占全国农药生产企业的10%；生物农药制剂年产量近13万吨，年产值约30亿元人民币，分别占整个农药总产量和总产值的9%左右。[①]

大力发展生物农业将推进农业生产方式转型升级，构筑现代农业经济新增长，能为我国维护粮食安全、破解"三农"问题、保障经济社会持续健康发展提供有效手段和强劲动力。首先，生物技术的应用可以提高农业生产效率，保障国家粮食产量稳定；其次，生物农业系统强调改造和提升农业品种和农产品性能，注重解决农产品安全问题；最后，生物农业可以改进农业生产方式，达到农业环境的生态平衡。

---

① 农业行业观察：《万亿级市场！政策激励！中国生物农业即将大爆发》，https://www.sohu.com/a/333757111_379553，2019年8月14日。

2

中国农业产业投资情况统计

2.1 中国农业产业整体投资情况

整体来看,2011—2016年农业领域投资热情基本保持上涨态势,且投资热情在2017年达到顶峰,由于2017年统计时加入个人投资者的投资事件导致农业领域投资案例数高达1603起,2018年投资热情明显降低,总投资案例数为661起,但投资总额数一直保持上涨。而2019年继续保持下降趋势,总投资案例数仅为273起,不到2018年投资案例数的一半,甚至投资总金额数也下降至1871.59百万美元,与2018年相比下降69.04%。从投资所属农业细分领域来看,2019年仍然以农产品及食品加工为主要投资领域,总投资案例数为187起,占2019年投资案例数的68.50%,其中披露金额案例数160起,投资金额总计1254.39百万美元,单笔投资额7.84百万美元。投资区域主要还是以上海、北京为主,但整体投资案例数均出现较大幅度的下跌。

2019年农业投资领域的大幅变化主要原因在于我国农业经济受到宏观经济的较大影响,一方面国家财政收入降低,进一步导致财政支农力度降低;另一方面国际环境变化尤其是中美贸易战导致我国农业产品需求快速下降,因此我国农业领域的投资在2019年出现大幅缩减现象。为了扩大农业农村的有效投资,政府出台了《关于扩大农业农村有效投资加快补上"三农"领域突出短板的意见》,意见中强调当下应围绕着打基础、管长远的现代农业设施工程、关乎民生的农村基础设施和公共服务工程及推动传统农业向现代农业转型升级的新基建工程这些领域进行重大工程项目的谋划。

2.1.1 社会投资情况

根据中国人民银行调查统计司数据显示,2018年社会融资规模增量短幅下降后,2019年社会融资规模增量增加。2019年社会融资规模增量累计为25.58万亿元,比

2018年多3.08万亿元。其中人民币贷款规模增量为16.88万亿元，同比增加1.21万亿元。此外，近6年这一规模始终保持着稳中有升的趋势。外币贷款折合人民币减少1275亿元，同比减少2926亿元，继2017年实现近年首次正向增长后，随2018年下降趋势继续下降；委托贷款减少9396亿元，同比减少6666亿元；信托贷款减少3467亿元，同比减少3508亿元；未贴现的银行承兑汇票减少4757亿元，同比减少1586亿元；企业债券净融资3.24万亿元，同比增加6098亿元；政府债券净融资4.72万亿元，同比减少1327亿元；非金融企业境内股票融资3479亿元，同比减少127亿元。

从结构来看，2019年对实体经济发放的人民币贷款占同期社会融资规模的66%，较2018年下降3.7%，但依旧是社会融资规模实现增量的最重要形式；企业债券占比12.7%，同比增长1%，增长不明显；外币贷款（折合人民币）、委托贷款、信托贷款、未贴现银行承兑汇票占比则出现不同程度增长；非金融企业境内股票融资占比1.4%，同比下降0.2%。

从实现社会融资的地区来看，2019年社会融资主要集中在广东、江苏、浙江、山东、河南、北京等省份或直辖市。全国有26个地区的社会融资规模增量为正增长，其中广东、江苏、浙江、北京、山东、河南6个地区社会融资规模增量超1万亿。这6个地区的社会融资规模增量占全国社会融资规模增量的近49.1%，较2018年有所增加。与2018年同期相比，2019年广东地区社会融资规模依旧保持社会融资规模地区增量排名第一，江苏和浙江实现稳定增长，超越国内众多地区，分别位列第二和第三。

2.1.2 固定资产投资情况

如图2-1所示，2019年全社会固定资产投资560874亿元，比2018年增长5.1%，增速减缓。其中，固定资产投资（不含农户）551478亿元，同比增长5.4%。分区域看，东部地区投资比2018年增长4.1%，中部地区投资增长9.5%，西部地区投资增长5.6%，东北地区投资下降3.0%。西部地区投资增速加快，东部、中部地区投资增速有所减缓，东北地区投资增速下降。

从固定资产投资（不含农户）所涉及产业分布情况来看，第一产业投资12633

2 中国农业产业投资情况统计

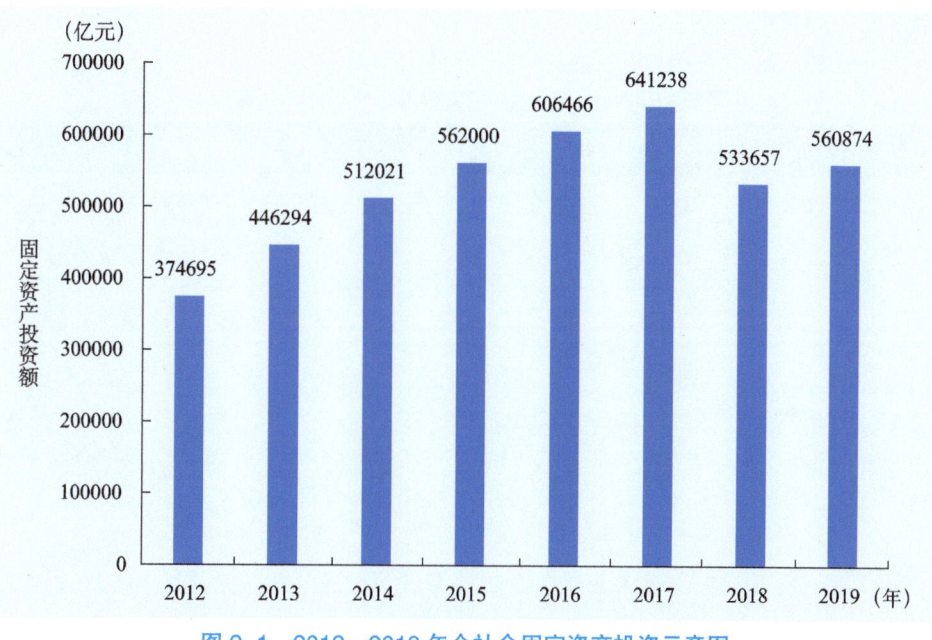

图 2-1　2012—2019 年全社会固定资产投资示意图

数据来源：《2019 年国民经济与社会发展统计公报》，西部发展研究院整理，2020 年 9 月。

注：根据第四次全国经济普查、统计执法检查和统计调查制度规定，对 2018 年固定资产投资数据进行修订，2019 年增速按可比口径计算。

亿元，比 2018 年增长 0.6%；第二产业投资 163070 亿元，同比增长 3.2%；第三产业投资 375775 亿元，同比增长 6.5%。民间固定资产投资 311159 亿元，同比增长 4.7%。基础设施投资同比增长 3.8%。六大高耗能行业投资同比增长 4.7%。房地产开发投资 132194 亿元，比 2018 年增长 9.9%。其中住宅投资 97071 亿元，增长 13.9%；办公楼投资 6163 亿元，增长 2.8%；商业营业用房投资 13226 亿元，下降 6.7%。全国各类棚户区改造开工 316 万套，基本建成 254 万套。全国农村地区建档立卡贫困户危房改造 63.8 万户。

如表 2-1 所示，2019 年我国分行业固定资产投资中采矿业、科学研究和技术服务业、教育及租赁和商务服务业等领域固定资产投资快速增长。而 2018 年增速较快的文化、体育和娱乐业、农林牧渔业和制造业、卫生和社会工作等领域固定资产投资增速有所回落。其中采矿业全社会固定资产投资额同比增长为 24.1%，增长十分显著。农林牧渔业在 2011—2016 年连续 6 年具有超过 20% 的增长率。2017 年农林牧渔业固定资产投资额增速大幅下降，同比增长仅 9.1%；2018 年农林牧渔业固定资产投资有所回升，增速达到 12.3%；2019 年农林牧渔业固定资产投资额增速又

029

大幅下降，同比增长仅 0.7%。

表 2-1　　2019 年分行业固定资产投资（不含农户）增长速度

行业	比上年增长（%）
总计	5.4
农林牧渔业	0.7
采矿业	24.1
制造业	3.1
电力、热力、燃气及水生产和供应业	4.5
建筑业	−19.8
批发和零售业	−15.9
交通运输、仓储和邮政业	3.4
住宿和餐饮业	−1.2
信息传输、软件和信息技术服务业	8.6
金融业	10.4
房地产业	9.1
租赁和商务服务业	15.8
科学研究和技术服务业	17.9
水利、环境和公共设施管理业	2.9
居民服务、修理和其他服务业	−9.1
教育	17.7
卫生和社会工作	5.3
文化、体育和娱乐业	13.9
公共管理、社会保障和社会组织	−15.6

数据来源：国家统计局，西部发展研究院整理，2020 年 9 月。

2.1.3　专项资金投资情况

2020 年是全面建成小康社会目标实现之年，是全面打赢脱贫攻坚战收官之年。脱贫攻坚质量怎么样、小康成色如何，很大程度上要看"三农"工作成效。当前，世界经济增长低迷，国际经贸摩擦加剧，国内经济下行压力加大，风险和困难明显增多，因此更应该深刻认识到"三农"工作的特殊重要性，毫不松懈，持续加力，坚决夺取第一个百年奋斗目标的全面胜利。2019年发布的中央"一号文件"明确指出牢固树立农业农村优先发展政策导向，优先满足"三农"发展要素配置，坚决破除妨碍城乡要素自由流动、平等交换的体制机制壁垒，推动资源要素向农村流动；优先保障"三农"资金投入，坚持把农业农村作为财政优先保障领域和金融优先服务领域，公共财政更大力度向"三农"倾斜；优先安排农村公共服务，推进城乡基本公共服务标准统一、制度并轨。

农业农村部支农项目包括农业综合开发产业发展项目、农业产业化联合体项目、农村一村一品项目、农村三次产业融合发展开展产业兴村强县、农业综合开发农业部专项（良种繁育项目）、国家级现代农业产业园项目、国家级田园综合体项目、国家农村产业融合发展示范园项目、农村创业创新示范点项目、数字农业建设试点项目、绿色循环优质高效特色农业促进项目、区域生态循环农业项目、全国农村三次产业融合发展先导区、中国特色农产品优势区、全国主食加工业示范企业、中国国际农产品加工产业园建设项目、有机肥替代工程示范县等。

2019年农业部门决算中，农林水支出（类）2565974.86万元，占总支出58.08%。主要用于农业资源保护和中央直属垦区农村公益事业建设等中央预算内基本建设项目支出，农业行政管理及部属单位设施运转、农业科技转化与推广、病虫害控制、农产品质量安全、执法监管、统计监测与信息服务、农业行业业务管理、农业对外交流合作、农业生产防灾救灾、农村公益事业、农业资源保护修复与利用、农业综合开发、农村综合改革等工作支出，以及农业农村部所属行政事业单位和中央直属垦区维持正常运转发生的基本支出。具体支出项目有：农业（款）2142278.83万元，林业和草原（款）1340.07万元，水利（款）2978.86万元，扶贫（款）13293.81万元，农业综合开发（款）52356.57万元，农村综合改革（款）31516.44万元，普惠金融发展支出（款）211383.85万元，其他农林水支出（款）110826.43万元。

除农业农村部外，国家发展和改革委员会支农项目包括全国创业创新示范区项目和推进资源循环利用基地建设等；财政部支农项目包括农业综合开发新型合作示范项目等；住房城乡建设部支农项目有特色小镇培育等；科技部支农项目包括国家科技重大专项、国家科技支撑计划、农业科技园区建设项目等。

2.2 中国涉农产业基金情况

如图 2-2 所示，2019 年我国共成立了 11 支涉农产业基金，与 2018 年相比，基金总数下降 9 支，11 支涉农基金情况详见表 2-2。

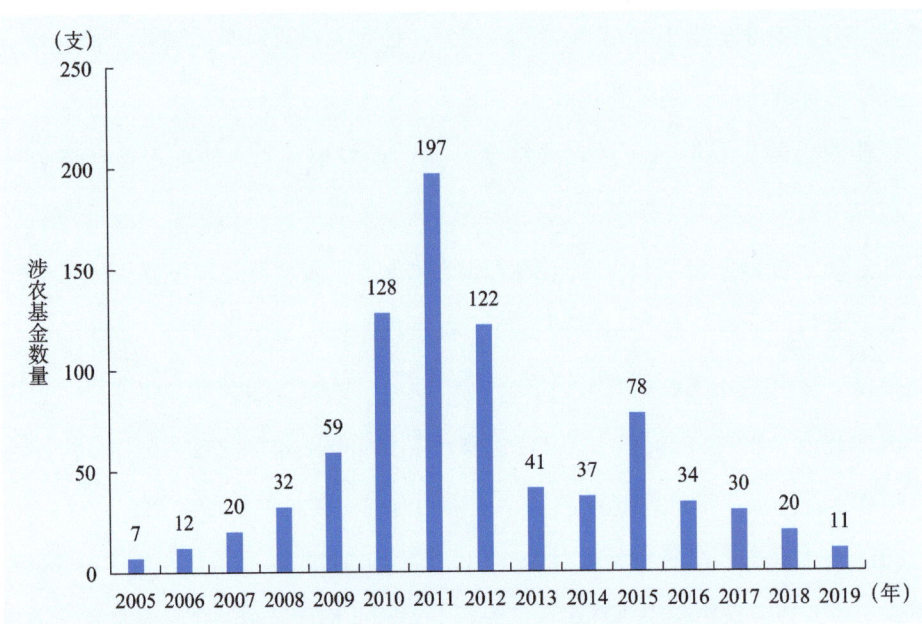

图 2-2　2005—2019 年中国涉农产业基金情况图

数据来源：私募通，西部发展研究院整理，2020 年 9 月。

表 2-2　　　　　　　　　2019 年中国涉农产业基金一览表

序号	基金简称	成立时间	基金类型	资本类型	募集状态	基金币种	目标规模（百万元）	是否备案
1	农开豫兴现代农业基金	2019 年 11 月 21 日	成长基金	本土	已募完	RMB	101.00	是
2	广州挑战者创投基金	2019 年 10 月 21 日	创业基金	本土	已募完	RMB	100.00	是
3	广东邦农基金	2019 年 10 月 18 日	并购基金	本土	已募完	RMB	1000.00	是
4	通辽洪澳基金	2019 年 8 月 29 日	成长基金	本土	首期募完，正在募集	RMB	40.01	是
5	重庆兴足基金	2019 年 8 月 16 日	成长基金	本土	首期募完，正在募集	RMB	200.00	是

续表

序号	基金简称	成立时间	基金类型	资本类型	募集状态	基金币种	目标规模（百万元）	是否备案
6	鲲信信诚基金	2019年7月16日	成长基金	本土	新设立	RMB	—	否
7	牡丹江国富基金	2019年6月28日	成长基金	本土	首期募完，正在募集	RMB	802.00	是
8	云图优选1号私募证券投资基金	2019年5月28日	其他	本土	新设立	RMB	—	是
9	不约而同创投	2019年4月18日	创业基金	本土	首期募完，正在募集	RMB	300.00	是
10	德成农牧基金	2019年4月16日	并购基金	本土	首期募完，正在募集	RMB	2000.00	是
11	长三角产业升级股权投资基金	2019年9月3日	FOF基金	本土	首期募完，正在募集	RMB	5000.00	是

数据来源：私募通，西部发展研究院整理，2020年9月。

如图2-3所示，在基金的设立地区方面，2019年广东省和上海市设立的涉农产业基金数量均各为2支，共占2019年涉农产业基金的36%，其余地区各设立1支涉农基金。2018年涉农基金设立最多的浙江省和北京市在2019年均无新基金成立。整体上看，各地区涉农基金设立数量均呈现下降趋势。

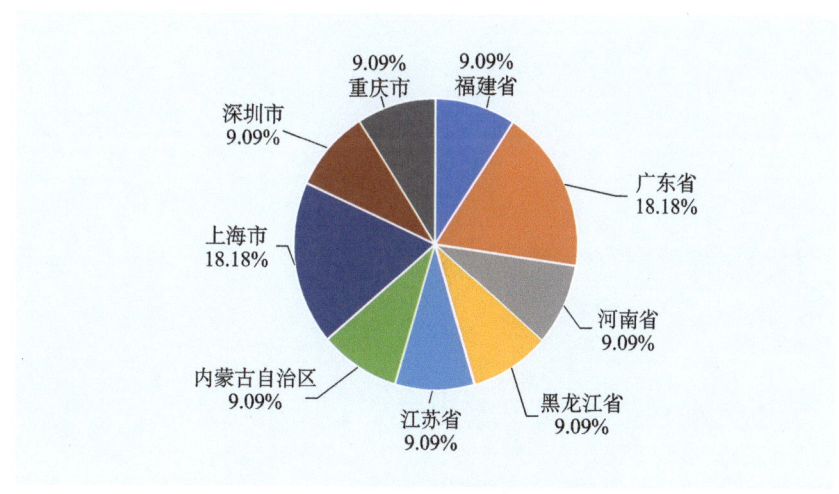

图2-3 2019年中国涉农基金区域分布

数据来源：私募通，西部发展研究院整理，2020年9月。

如图 2-4 所示，在基金类型上，2019 年涉农基金投资中成长基金 5 支，占比 45%，其余为 2 支创业基金、2 支并购基金、1 支 FOF 基金和 1 支其他。因为基金设立数量的整体下降，所以与 2018 年相比各基金类型也有所下降，且连续两年没有证券投资基金的设立。总体来看，在基金类型上依旧保持着以成长基金为主的涉农基金投资类型分布，且类型有所减少。

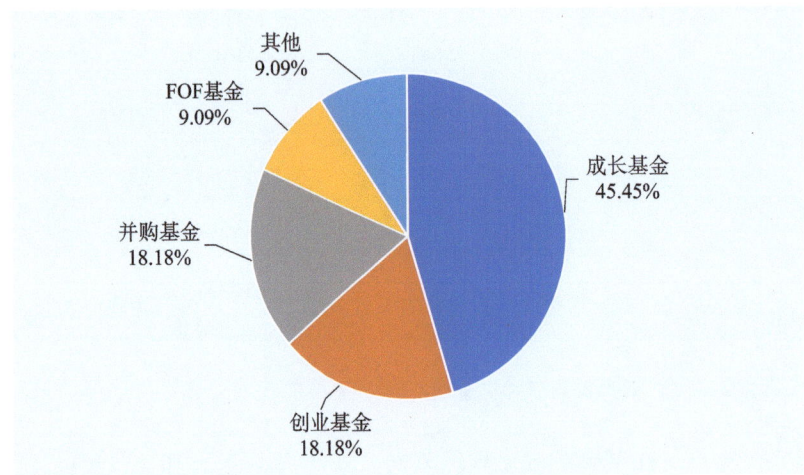

图 2-4　2019 年中国涉农产业基金类型图

数据来源：私募通，西部发展研究院整理，2020 年 9 月。

在资本类型方面，2019 年中国涉农产业基金全部为本土型。截至 2020 年 7 月，11 支涉农产业基金中有 3 支已募完；6 支首期已经募集完成，正在募集下期基金；有 2 支基金是新设立，尚未募集。

2.3　中国农业股权投资情况

2.3.1　中国农业产业股权投资总体情况

（1）2006—2019 年年度投资案例数量

如图 2-5 所示，整体来看，近些年我国农业领域的投资案例数先后经历了大涨和大跌的阶段。2006—2017年我国农业投资数一直呈现不断上涨趋势，尤其2017年涨幅约为600%，原因是2017年统计时加入了个人投资者的投资事件，使得大量金额较小的投资金额流入农业领域，从而导致农业领域投资案例数量大幅增加。2018年开始投资数呈现下降趋势，连续两年中国农业领域投资案例分别下降至为661起和273起，原因在于：一方面，我国农业投资阶段尚未完成向新兴农业的转型，且长期大规模的公共设施建设、水路电网改造等投资使得我国农村地区公共投资空间开始缩减；另一方面，财政支农的资金使用效率低下，导致我国农业投资出现持续负增长现象。

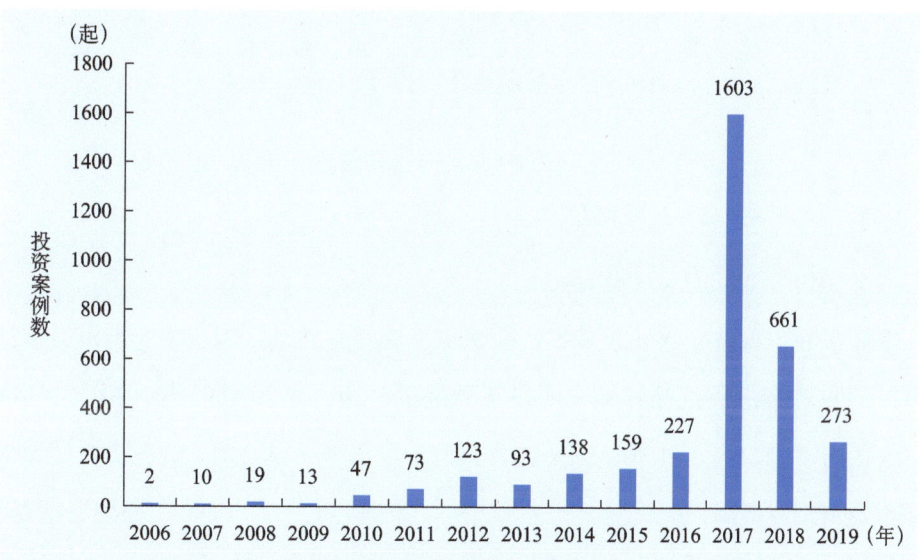

图 2-5　2006—2019 年中国农业领域投资情况（按投资案例数）

数据来源：私募通，西部发展研究院整理，2020 年 9 月。

（2）2006—2019 年年度投资案例金额

2006—2019年农业投资案例累积达到3441起，已经披露的农业投资金额约249.02亿美元。如图2-6所示，自2010年起，农业领域投资金额大体上呈现高速增长的趋势，但受2014年农产品市场风险波动及国内经济低迷的影响，2015年农业领域投资金额较往年大幅下降。2016—2017年农业投资案例数增速显著，投资金额也在前一年的基础上上涨了61%。2018年农业领域投资案例数大幅下降，但投资金额保持上涨态势，而2019年农业领域投资行情依旧不理想，投资金额出现负增长。

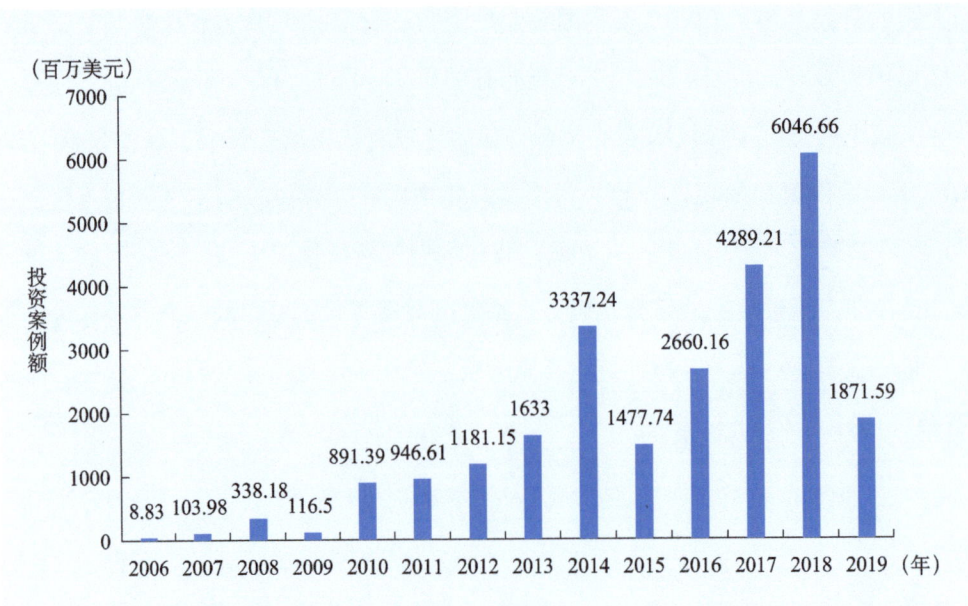

图 2-6　2006—2019 年中国农业领域投资情况（按案例金额）

数据来源：私募通，西部发展研究院整理，2020 年 9 月。

（3）2019 年投资总量变化趋势

整体来看，近些年农业领域投资金额虽然有涨跌波动，但基本一直维持在高位水平，而投资案例数近两年呈现明显下降趋势，2017 年为 1603 起，2018 年为 661 起，2019 年为 273 起，主要原因是农业转型阶段仍需一段时间，同时支农资金减少且使用效率仍待提高。

2.3.2　中国农业产业投资二级行业分布

（1）二级行业投资案例数量分布

如图 2-7 及表 2-3 所示，从 2006—2019 年总计 3441 起农业投资案例行业分布来看，农产品及食品加工仍然是农业领域投资案例数最多的二级行业，投资案例数达到 1748 起，占全部投资案例数的 50.80%，与 2018 年基本持平。第二是农业（种植业），投资案例数达到 611 起，占比 17.76%。第三是畜牧业，投资案例数为 481 起，占比为 13.98%。农产品及食品加工、农业（种植业）及畜牧业作为农业领域投资案例数量前三的二级行业，占全部农业投资案例数约 82.53%，是所有农业领域投资案例的主要构成部分。其余分布于其他、农资、林业、渔业的投资案例数较少，分别有228起、162起、112起、99起，占比分别为6.63%、4.71%、3.25%、2.88%。

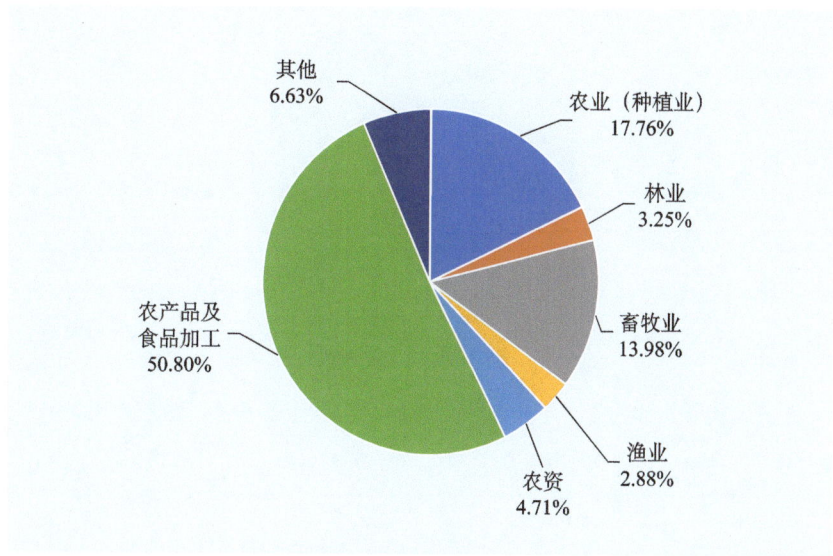

图2-7　2006—2019年中国农业领域投资二级行业分布（按投资案例数）

数据来源：私募通，西部发展研究院整理，2020年9月。

表2-3　2006—2019年中国农业领域投资二级行业分布情况（按投资案例数）

行业	农业（种植业）	林业	畜牧业	渔业	农资	农产品及食品加工	其他
投资案例数（起）	611	112	481	99	162	1748	228

数据来源：私募通，西部发展研究院整理，2020年9月。

（2）二级行业投资金额分布

如图2-8及表2-4所示，根据2006—2019年农业二级行业的投资统计，农产品及食品加工领域投资金额居首位，总金额为12016.47百万美元，占农业总投资47.69%，与2018年相比有所下降。第二为畜牧业领域投资，总金额为3908.58百万美元，占总投资的11.38%，较2018年有所下降。第三为农业（种植业）领域投资，总金额为3070.31百万美元，占总投资的12.19%。渔业、农资、林业及其他行业投资金额和占比较少。

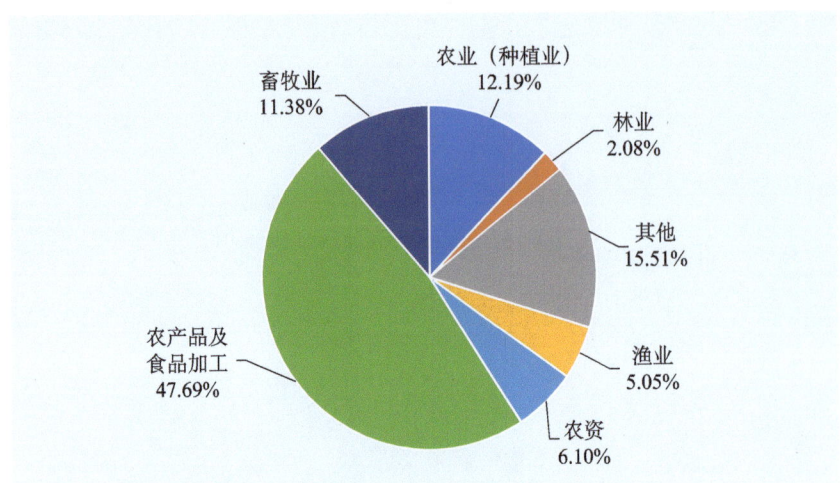

图 2-8　2006—2019 年中国农业领域投资二级行业分布（按投资金额）

数据来源：私募通，西部发展研究院整理，2020 年 9 月。

表 2-4　　2006—2019年中国农业领域投资二级行业分布(按投资金额)

行业	农业（种植业）	林业	畜牧业	渔业	农资	农产品及食品加工	其他
投资金额（百万美元）	3070.31	524.48	3908.58	1272.56	1536.11	12016.47	2866.21

数据来源：私募通，西部发展研究院整理，2020 年 9 月。

（3）2019年二级行业投资变化趋势

如表 2-5 所示，2019 年的农业投资案例中，投资案例数总计 273 起，按行业分布来看，主要集中在农产品及食品，一共有 187 起，占 2019 年全部农业领域投资案例数的 68.50%，与 2018 年基本持平，构成 2019 年农业投资案例的绝大部分。相比之下，其他行业投资热情度不高，投资案例数由高到低的行业依次是农资、渔业、农业（种植业）、畜牧业、林业和其他，投资案例数分别为 43 起、18 起、14 起、7 起、2 起和 2 起。其中有披露金额的投资案例数为 237 起，披露金额总计 1871.59 百万美元，平均单笔投资金额为 7.90 百万美元。同 2018 年相比，投资金额降低近 69.05%，单笔投资额下降约 19.42%，呈现出投资市场热情持续缩减的现象。

表2-5　　2019年中国农业领域投资二级行业分布情况

二级行业	案例数（总）	投资金额（百万美元）	案例数（金）	平均投资额（百万美元）
农业（种植业）	14	147.04	10	14.70
林业	2	20.13	2	10.07
畜牧业	7	75.89	5	15.18
渔业	18	259.42	16	16.21
农资	43	104.74	42	2.49
农产品及食品加工	187	1254.39	160	7.84
其他	2	9.98	2	4.99
总计	273	1871.59	237	7.90

数据来源：私募通，西部发展研究院整理，2020年9月。

注："案例数（总）"表示案例总数，"案例数（金）"表示有报露金额的案例数。

2019年农产品及食品加工领域依旧投资热度最高，共有187起投资案例，160起披露投资金额，投资总金额为1254.39百万美元，平均单笔投资额为7.84百万美元。2019年农资投资案例数有43起，总投资额达到104.74百万美元，平均单笔投资金额为2.49百万美元，较2018年上涨约79.14%。渔业有18起投资案例，总投资金额为259.42百万美元，较2018年大幅上涨，涨幅约为59.05%，平均单笔投资金额为16.21百万美元。农业（种植业）共有14起投资案例，10起披露投资金额，投资总金额为147.04百万美元，平均单笔投资额为14.70百万美元，较2018年农业（种植业）投资金额减少了37.10%，但平均单笔投资额有所增加。畜牧业有7起投资案例，5起披露投资金额，投资总金额为75.89百万美元，平均单笔投资金额为15.18百万美元，较2018年畜牧业投资总金额数量有所上涨。2019年林业和其他投资案例数均为2起，数量较少。

2.3.3　中国农业产业投资地域分布

（1）不同地域投资案例数量分布

如表2-6所示，2019年农业产业投资案例数量分布前十位的地域发生的案例占比超过全部投资案例数的70%，与2018年所占比重相似。前十省份变动不大，上海、北京、广东、河北、河南、山东和江苏仍处于投资案例数量前十位，只是顺位发生改变。上海仍是2019年发生农业产业投资案例数量最多的地域，占比14.76%，但总投资案例数由2018年的51起下降至40起。北京由2018年的第四位上升至第二位，但投资案例数下降12例。排名第三的省份是广西壮族自治区，投资案例数为35起，广西壮族自治区成为2019年农业产业投资领域的新兴力量，在2019年投资市场热情不高的年份还能保持投资案例数由2018年的10起上涨到2019年的35起。紧随其后的是广东省和四川省，四川省虽然在2019年排位上升，但投资案例数减少了7起。整体来看，大部分省份的投资案例数均呈现下降趋势，上海、北京两地依靠优越的地理位置仍然能吸引到一定的投资，广西壮族自治区则通过大力发展优质农业、提高农业科技含量吸引到不少投资。

表2-6　2019年中国农业领域前十位投资地域分布(按投资案例数)

投资地域	上海	北京	广西	广东	四川	河北	河南	山东	浙江	江苏	其他
投资案例数（起）	40	39	35	21	14	13	12	11	11	10	67

数据来源：私募通，西部发展研究院整理，2020年9月。

（2）不同地域投资金额分布

2019年农业投资金额从地域分布上来看（如表2-7所示），北京投资金额排名第一，投资金额为384.96百万美元，广东省排名第二，与2018年相比下降一位，且投资额减少了85.58%，但在2019年普遍投资环境不佳、农业投资状况不佳的情况下依旧能在农业投资发展领域中处于领先地位。内蒙古、新疆、山东、河南等几个农业大省也不同程度地跟着投资市场呈现下滑趋势。近些年，中国农业转型步入瓶颈期，农业生产成本不断提高、劳动力廉价性凸显，导致农户收入大幅削减；投资者们对农业市场普遍持有看低心态，导致全国性的投资额降低。

表2-7　2019年中国农业领域前十位投资地域分布(按投资金额)

投资地域	北京	广东	河北	内蒙古	新疆	山东	河南	安徽	甘肃	贵州	其他
投资金额（百万美元）	384.96	380.10	250.21	207.22	94.39	81.28	70.43	63.53	50.02	47.99	241.46

数据来源：私募通，西部发展研究院整理，2020年9月。

（3）2019年投资地域变化趋势

如表2-8所示，根据2019年中国农业投资地域分布来分析，参与农业领域投资的省份数量与2018年相比有所减少。在全部的273起投资案例中，上海投资案例数位列全国第一，北京投资案例数位列全国第二。广西超越以往投资热度较大的广东、河南、山东等地位列全国投资案例数第三，实现快速增长。这与广西加快发展现代农业，重点实现绿色农业优化，实现高产高质并进的改革密不可分。河南、内蒙古、山东、安徽等地投资案例数排名出现下滑。黑龙江、山西、台湾2018年投资案例数分别为11起、2起、1起，而在2019年这三个地区未发生农业领域的投资。

表2-8　2019年中国农业领域投资地域分布情况

投资地域	案例数（总）	投资金额（百万美元）	案例数（金）	平均投资额（百万美元）
上海	40	31	32.56	1.05
北京	39	36	384.96	10.69
广西	35	33	5.18	0.16
广东	21	20	380.10	19.01
四川	14	11	33.21	3.02
河北	13	11	250.21	22.75
河南	12	11	70.43	6.40
山东	11	10	81.28	8.13
浙江	11	9	37.38	4.15
江苏	10	6	26.82	4.47
贵州	9	8	47.99	6.00
甘肃	7	6	50.02	8.34
安徽	6	4	63.53	15.88
福建	6	5	15.44	3.09
内蒙古	6	6	207.22	34.54
湖南	5	4	7.61	1.90
香港	5	4	15.00	3.75
湖北	4	4	16.27	4.07
新疆	4	4	94.39	23.60
海南	2	0	0.00	/
江西	2	2	2.11	1.06

续表

投资地域	案例数（总）	投资金额（百万美元）	案例数（金）	平均投资额（百万美元）
辽宁	2	1	7.44	7.44
宁夏	1	1	0.93	0.93
青海	1	0	0.00	/
陕西	1	1	9.79	9.79
天津	1	1	/	/
云南	1	1	13.06	13.06
重庆	1	1	2.99	2.99
吉林	1	1	15.71	15.71

数据来源：私募通，西部发展研究院整理，2020年9月。
注：其中有2例投资案例未公开具体投资地域。

2.3.4 2019年投资阶段变化趋势

如表2-9所示，2014年以前农业投资阶段以扩张期为主，自2015年投资阶段转变为以成熟期为主，而2019年扩张期投资案例数反超成熟期投资案例。2019年成熟期投资案例占所有投资案例的比重有所下降，由2018年的55.97%减少到40.30%；同时扩张期的投资案例比重有所上升，由2018年的31.01%增加到41.42%。其中种子期投资案例有23起，17起披露投资金额，平均单笔投资额为0.60百万美元，比2018年缩减近10倍，从2018年的农业投资分阶段对比中平均值最高的阶段变为2019年平均值最低的阶段；初创期有26起投资案例，23起披露投资金额，平均单笔投资额为2.24百万美元；扩张期投资有111起案例，94起披露投资金额，共计投资金额为631.30百万美元，平均单笔投资额为6.72百万美元；成熟期投资案例有108起，96起披露投资金额，平均单笔投资额为12.10百万美元，说明成熟期阶段的投资作为农业投资的主要投资阶段，仍在投资案例数量和投资金额数量上占据重大地位。

表2-9　　2019年中国农业领域投资阶段分布情况

投资阶段	案例数（起）	投资金额（百万美元）	披露投资额的案例数（起）	平均投资额（百万美元）
种子期	23	10.24	17	0.60

续表

投资阶段	案例数（起）	投资金额（百万美元）	披露投资额的案例数（起）	平均投资额（百万美元）
初创期	26	51.49	23	2.24
扩张期	111	631.30	94	6.72
成熟期	108	1161.57	96	12.10
总计	268	1854.60	230	8.06

数据来源：私募通，西部发展研究院整理，2020年9月。

2.4 中国农业非股权投资情况

2.4.1 中国财政支农的情况及特点

财政支农是指国家利用财政资金对涉农问题的支持，既是国家财政促进农业发展、加快农村进步、增加农民收入的主要手段，也是实现农业现代化、实现全面建设小康社会目标的主要推动力。财政支农的方式多种多样，主要有涉农惠农补贴，对农村基础设施建设的财政补助，对农村教育、文化、卫生、计划生育、环保和农业科技事业的财政补助等。

农业是我国的第一产业，在国民经济中占据着重要的地位，对经济健康发展具有全局性、战略性的深远影响。因此，中共中央连续16年发布的中央"一号文件"，都把"三农"作为重要的内容。2019年中央"一号文件"更是从聚力精准施策，决战决胜脱贫攻坚；夯实农业基础，保障重要农产品有效供给；扎实推进乡村建设，加快补齐农村人居环境和公共服务短板；发展壮大乡村产业，拓宽农民增收渠道；全面深化农村改革，激发乡村发展活力；完善乡村治理机制，保持农村社会和谐稳定；发挥农村党支部战斗堡垒作用，全面加强农村基层组织建设7个方面进行了安排部署，加强党对"三农"工作的领导，落实农业农村优先发展总方针，凸显了"三农"问题的重要性。

财政支农是"三农"发展的重要举措，对于实施乡村振兴战略，实现全体人民共同富裕的目标具有不可替代的重要作用。因而有必要详细地考察近些年的财政支农支出，以便更加合理地采取进一步的措施。

从表2-10、图2-9和图2-10中可以看出我国财政支农的特点：财政支农总额每年都在增加，国家对农业的支持力度越来越大。2008—2019年，财政支农金额累计达到了17.0万亿元，其中2019年支农总额达到了2.2万亿元，为历年支农金额最高额，同比增长4.76%。其中，2008—2012年，农业支出占总支出比重由9.5%持续平稳地上升到9.8%；2012—2014年，农业支出比重出现小幅下滑；2015年达到了9.9%，为历年占比最高；2015—2019年呈现缓慢下降的趋势，由9.9%下降到了9.4%。

表2-10　2008—2019年财政支农统计表

年份	财政总支出（万亿元）	农业支出（万亿元）	农业支出占总支出比重（%）	支援农村生产和各项农业事业费（亿元）	四项补贴（亿元）	农村社会事业发展支出（亿元）	农产品储备费用和利息等支出（亿元）
2008	6.3	0.6	9.5	2260.1	1030.4	2072.8	592.2
2009	7.6	0.7	9.2	2679.2	1274.5	2723.2	576.2
2010	9.0	0.9	10.0	3427.3	1225.9	3350.3	576.2
2011	10.9	1.1	10.1	4089.7	1406.0	4381.5	620.5
2012	12.6	1.2	9.95	4785.1	1643.0	5339.1	620.5
2013	14.0	1.3	9.3	—	—	—	—
2014	15.2	1.4	9.2	—	—	—	—
2015	17.6	1.7	9.7	—	—	—	—
2016	18.8	1.8	9.6	—	—	—	—
2017	20.3	1.9	9.4	—	—	—	—
2018	22.1	2.1	9.5	—	—	—	—
2019	23.9	2.2	9.2	—	—	—	—

数据来源：《中国统计年鉴2019》、中国财政部官网，西部发展研究院整理，2020年9月。

注：四项补贴由粮食、农资、良种、农具构成。由于财政支农数据口径发生变化，1997—2002年的财政支农主要包括支援农村生产支出、农业综合开发支出和农林水利气象等部门的事业费支出三者之和；2003—2006年的财政支出为农业支出、林业支出和农林水利气象等部门的事业费支出三者之和；2007—2019年的财政支农为农林水事务支出。

图 2-9 2008—2019 年我国财政支农情况

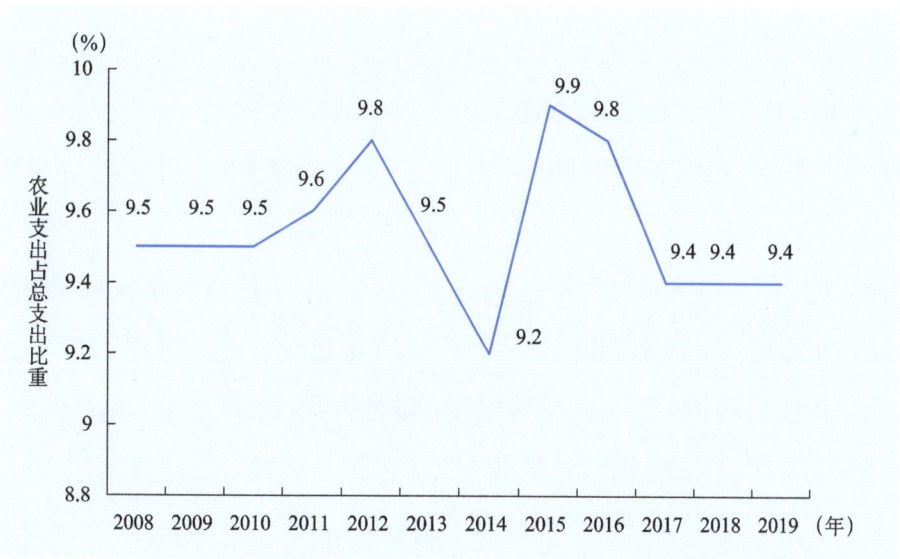

图 2-10 2008—2019 我国农业支出占财政总支出比重

数据来源：《中国统计年鉴2019》、中国财政部官网，西部发展研究院整理，2020 年 9 月。

根据 2019 年中央"一号文件"，2019 年的财政支农的新特点有：

（1）财政支农明确多项发展目标和工作任务

2019 年的中央"一号文件"明确了"三农"领域多项发展目标和工作任务，如决战决胜脱贫攻坚、加快补齐农村人居环境和公共服务短板、保障重要农产品有效供给等。这些目标任务既是当前热点问题、难点问题，也是涉及农业农村可持续发展的中长期问题。为实现目标，就要求各级部门立足本地实际，健全完善财政支持"三农"优先发展的各项政策框架体系，真正让老百姓的获得感、幸福感、安全感不断提升。

（2）财政支农政策不断完善，制度设计安排更趋规范

2019年中央"一号文件"明确指出，将重点着力于脱贫攻坚、推进乡村建设、推动农业高质量发展等多个方面。各级财政优先加大"三区三州"脱贫攻坚资金投入。对"三区三州"外贫困人口多、贫困发生率高、脱贫难度大的深度贫困地区，也要统筹资金项目，加大扶持力度。各级财政部门，特别是中西部贫困地区，需要继续强化财政投入保障。此外，各地将不断加快扶贫资金动态监控机制建设，推进扶贫项目资金实施全过程绩效管理。

2.4.2　中国涉农信贷情况

（1）中国历年涉农信贷发放状况

① 我国近些年涉农信贷发展现状。近年来，我国涉农信贷总额不断增加，2019年达35.19万亿元，同比增长6.6%。截至2019年末，全国金融精准扶贫贷款余额3.96万亿元，较年初增加3403亿元。全国扶贫小额信贷累计发放4270.16亿元，余额1865.48亿元；累计支持建档立卡贫困户1035.73万户次，余额覆盖户数470.71万户。银行业金融机构通过机构网点、机具服务、流动服务等方式将基础金融服务覆盖到832个国家扶贫开发重点县的16.63万个行政村，覆盖率达99.3%；832个国家扶贫开发重点县中，412个县设立了村镇银行，覆盖率接近50%。保险服务覆盖到全国3.07万个乡镇，覆盖率超过95%。

截至2019年末，我国涉农信贷金额不断增长。银保监会的数据显示，2019年全国银行业金融机构涉农贷款（不含票据融资）余额达35.19万亿元，同比增长6.6%；全国334个深度贫困县各项贷款余额2.6万亿元，较年初增加3463亿元，增长15.38%，增速高于全国贷款增速3.08%（见表2-11）。

表 2-11　　2006—2019 年涉农贷款统计额

年份	本外币农村贷款余款（万亿元）	农户贷款余额（亿元）	农业贷款余额（万元）
2006	4.50	0.95	1.26
2007	6.12	1.23	1.44
2008	6.57	1.89	1.63
2009	7.55	2.18	1.81
2010	9.74	2.82	2.19
2011	12.15	3.12	2.44
2012	14.54	3.62	2.73
2013	17.29	4.50	3.04
2014	19.44	5.36	3.43
2015	26.42	—	—
2016	28.21	—	—
2017	30.95	—	—
2018	33.00	—	—
2019	35.19	—	—

数据来源：银保监会，西部发展研究院整理，2020 年 9 月。

"三农"问题事关我国经济社会发展的全局，具有根本性和基础性的战略地位。因此，解决现实中的"三农"问题可有效促进我国供给侧结构改革，平稳进入经济新常态阶段。但在现实情况中，"三农"方面仍有许多问题尚待解决，最为突出的是对"三农"的财政支持不能满足其发展需求，仍需大量的财政投入，因此涉农信贷成为解决这一问题的关键所在。政府应利用金融机构对涉农信贷进行扶持，从而实现"三农"又快又好发展。政府历年对"三农"问题都格外重视，在 2019 年中央"一号文件"中更是把其作为核心加以强调。

2019 年中共中央和国务院制定的《中共中央国务院关于坚持农业农村优先发展做好"三农"工作的若干意见》指出：今明两年是全面建成小康社会的决胜期，"三农"领域有不少必须完成的硬任务。文件对农村改革发展提出新要求，全面推进乡村振兴，确保顺利完成到 2020 年承诺的农村改革发展目标任务。要牢固树立农业农村优先发展政策导向，要求各级党委和政府必须把落实"四个优先"的要求作为做好"三农"工作的头等大事。让贫困人口和贫困地区同全国一道进入全面小康社会，关于村庄基础设施建设和农村人居环境整治，文件明确可以通过多种形式引导和支持村集体和农民自主组织实施或参与。同时还将出台村庄建设项目简易审批办法，规范和缩小招投标适用范围，让农民更多参与并从中获益。全面推开农村土地征收制度改革和农村集体经营性建设用地入市改革，加快建立城乡统一的建设用地市场。此外，还将研究制定农村集体经济组织法，加快构建新型农业补贴政策体系，推动农村商业银行、农村合作银行、农村信用社逐步回归本源，为本地"三农"服务。

②2019年我国涉农信贷的政策规划。为深入贯彻落实党中央、国务院关于实施乡村振兴战略和助力脱贫攻坚战的决策部署，指导各级监管部门和银行业金融机构做好2019年"三农"和扶贫金融服务工作，银监会于近日发布了《中国银保监会办公厅关于做好2019年银行业保险业服务乡村振兴和助力脱贫攻坚工作的通知》，内容主要集中在以下几个方面：

一是回归本源，坚守定位，持续优化服务乡村振兴体制机制。开发性、政策性银行要加大对乡村振兴中长期信贷支持，要坚守开发性、政策性银行职能定位，支持乡村振兴战略的重点领域和薄弱环节，与商业性金融互补合作做好金融服务。大中型商业银行要发挥体制机制优势，设立普惠金融事业部的大中型商业银行（设立"三农"事业部、扶贫事业部的银行除外）要将普惠型涉农金融服务、扶贫金融服务纳入事业部统一管理。地方法人银行要立足本地、服务本地。除此之外，保险机构要强化风险保障功能。聚焦提质增效，推进保险服务乡村振兴的专业化体制机制建设。

二是对标要求，明确目标，精准服务乡村振兴重点领域和薄弱环节。支持农业供给侧结构性改革，优先保障国家粮食安全，重点支持优质特色产业，助力提升农产品质量和促进农业科技成果转化应用。加大对农业"走出去"项目的支持力度。进一步加大对农村高标准农田、交通设施、水利设施、电网、通信、物流等领域的中长期信贷支持。大力发展绿色金融，重点支持生态体系保护和修复工程。做好各类现代农业主体金融服务。加快推进新型农业经营主体信用评价体系建设。提高小农户小额信用贷款覆盖面,满足小农户有效金融需求。提升特殊群体金融服务水平。加大助学贷款投放力度,执行优惠利率,扩大生源地助学贷款电子合同试点。

三是提高效率,强化分担,创新产品和服务模式。充分发挥全国信用信息共享平台和金融信用信息基础数据库的作用,探索开发新型信用类金融支农产品和服务。探索产业链金融模式。研发额度小、频度高、季节时限性较强的特色贷款产品和投资理财产品。拓宽抵质押物范围和风险缓释渠道。稳妥有序推进农村承包土地经营权、农民住房财产权、集体经营性建设用地使用权抵押贷款试点,积极稳妥开展林权抵押贷款。优化服务流程和方式。根据自身风险管理能力,区分业务种类,下放涉农信贷审批权限,简化业务流程,合理确定贷款额度、利率和期限。同时,扩大保险产品试点范围。深入开展三大粮食作物完全成本保险和收入保险试点,扩大农业大灾保险试点和"保险+期货"试点,稳步开展生猪和蔬菜价格保险试点。

四是加强融合,简化审批,科学合理推动基础金融服务扩面提质。加大银行保险机构乡村服务融合力度。鼓励银行保险机构进一步下沉服务重心,在服务渠道等方面加强配合、发挥合力,更加便捷有效地提供基础金融服务。优先在机构空白地区尤其是深度贫困地区新设网点。简化在空白乡镇设立简易银行和保险网点的审批程序,创造便利条件,开辟绿色通道,提高审批效率。推进基础金融服务网点建设。充分发挥基层党组织作用,科学合理推进空白地区金融服务网点建设。在不具备网点设立条件的乡镇,鼓励通过电子机具、流动服务站和便民服务点等方式实现服务覆盖。距离较近的乡村之间可通过核心辐射周边的方式提供金融服务。

五是精准施策,聚焦深贫,助力打赢脱贫攻坚战。全力做好脱贫攻坚专项巡视整改工作。要对照中央脱贫攻坚专项巡视反馈的问题和意见,举一反三,标本兼治,坚决按照党中央的要求整改到位。要将巡视整改和扶贫作风治理相结合,坚决纠正形式主义、官僚主义。重点抓好"三区三州"等深度贫困地区和特殊贫困群体脱贫攻坚工作。加强对深度贫困地区的政策倾斜,适当放宽对深度贫困地区和特殊贫困群体的贷款期限,实行更加优惠的贷款利率。推动建立稳定脱贫的长效机制。聚焦"两不愁三保障"的标准,明确脱贫不脱政策,将融资与融智相结合,不断提高贫困人口脱贫致富的内生动力。着力处理好规范发展和防范风险的关系。高度重视防范化解金融扶贫风险,把握好扶贫信贷投入和风险防控的平衡点,着手开展脱贫攻坚与乡村振兴战略衔接研究。

六是治理乱象，防范风险，净化乡村金融环境。各级监管部门要联合有关部门继续加大对各类农村金融乱象的整治力度。严厉打击以普惠金融之名、行"普骗金融"之实的违法违规金融活动，坚决遏制非法集资向农村地区蔓延。及时纠正银行业金融机构"垒小户"、过度授信等行为，引导信贷资金有效投放。及时纠正保险机构销售误导、设置理赔障碍等行为，引导保险机构依法合规提供保险服务。联合有关部门推进乡村金融环境建设，加大对逃废债行为的惩罚力度，进一步整合各类信用信息和农业风险相关信息。引导银行保险机构加强农村消费者权益保护，促进投诉处理结果满意度提升。加强对农村居民金融知识的宣传和教育，提高农村居民的信用意识和风险意识。

七是强化引领，严格考核，不断完善差异化监管政策。2019年，各银行业金融机构要进一步加大涉农贷款投放力度，按照"增供给、降成本"的原则，切实减少涉农贷款中间环节费用、降低普惠型涉农贷款利率。落实涉农和精准扶贫贷款差异化监管政策。各银行业金融机构普惠型涉农贷款、精准扶贫贷款不良率高出自身各项贷款不良率年度目标3个百分点（含）以内的，可不作为监管评级和银行内部考核评价的扣分因素。加强涉农类保险产品管理，研究涉农类保险产品分层管理，不断提高规范化、标准化水平。建立健全涉农金融统计体系。研究建立涵盖农林牧渔业、农村、农户、新型农业经营主体、特殊群体等领域和群体的贷款专项统计指标体系。统筹推进农村金融改革试点示范区创建工作，加强顶层设计，规范创建流程。

（2）中国涉农信贷发放银行情况

2019年，中国银行业把握"强监管"的总体基调，狠抓风险防控不动摇，严守合规底线不放松，严格自律，迎难而上，持续净化行业生态，全力防范和化解金融风险，在增强自身抵御能力的同时，为国家经济的健康平稳和可持续发展保驾护航，充分发挥了"压舱石"和"稳定器"作用。各银行业金融机构不断加强制度保障、强化主体责任、确保稳健经营，探索和丰富合规文化的宣贯途径，通过开展专题活动、搭建线上线下课堂平台、举办主题竞赛等方式进一步提高管理效果，让"人人有责、人人尽责"成为共识，让合规文化深入人心。

截至 2019 年末，中国银业金融机构网点总数达到 22.8 万个，其中年内改造营业网点 15591 个；设立社区网点 7228 个，小微网点达到 3272 个；在全国布放自助设备 109.35 万台，其中创新自助设备 4805 台；利用自助设备交易笔数达 353.85 亿笔，交易金额 61.85 万亿元。银行业金融机构本外币涉农贷款余额 35.19 万亿元，同比增长 7.7%；小微企业贷款余额 36.9 万亿元，同比增速 10.1%，其中，单户授信总额 1000 万元及以下的普惠型小微企业贷款余额 11.7 万亿元，较年初增速 24.6%，贷款余额户数 2100 多万户，较年初增加 380 万户，新发放普惠型小微企业贷款平均利率较 2018 年平均水平下降 0.64%。

（3）2019 年全国涉农贷款类别分布

截至 2019 年末，全国的固定资产投资完成额达到 560874 亿元，比 2018 年同期增长 5.1%。其中农林牧渔业的固定资产投资完成额为 27862.5 亿元，比 2018 年同期增长 0.7%（见表 2-12）。

表 2-12　　2019 年分行业固定资产投资(不含农户)增长速度

指标	按总量分	
	自年初累计（亿元）	比去年同期增长（%）
固定资产投资完成额	560874.0	5.1
农林牧渔业	27862.5	0.7

数据来源：国家统计局，西部发展研究院整理，2020 年 9 月。

2019 年末，全国社会融资规模存量为 251.31 万亿元，同比增长 10.7%；社会融资规模增量为 25.58 万亿元，比 2018 年多 3.08 万亿元。分地区看，东部地区社会融资增量占全国的比重为 57%，较 2018 年降低 1.7%；中部、西部和东北地区占比分别为 20.1%、19.1% 和 3.8%，较 2018 年分别提高 1.1%、0.3% 和 0.3%。从贷款类别上来看（见表 2-13），无论是短期贷款占比、中长期贷款占比、票据融资占比还是消费贷款占比，东部地区都是最高的，这是因为东部地区经济发达，金融制度完善；东北地区占比都是最低的，这是因为东北老工业基地衰落，经济发展缺少内生动力。在短期贷款占比和消费贷款占比方面，中部地区均高于西部地区，但在中长期贷款占比和票据融资占比方面，西部地区均高于中部地区。

表2-13　　　　2019年末各地区金融机构本外币贷款余额地区分布　　　　单位：%

	东部	中部	西部	东北	全国
短期贷款占比	60.4	16.3	15.4	7.9	100.0
中长期贷款占比	52.8	18.4	23.3	5.5	100.0
票据融资占比	49.5	17.8	25.8	6.9	100.0
消费贷款占比	61.4	18.1	15.8	4.7	100.0

数据来源：2020年中国区域金融运行报告，西部发展研究院整理，2020年9月。

（4）2019年金融精准扶贫专题

① 为贯彻落实《中共中央 国务院关于打赢脱贫攻坚战三年行动的指导意见》《中共中央 国务院关于坚持农业农村优先发展做好"三农"工作的若干意见》和中央农村工作会议的决策部署和工作要求，对标对表全面建成小康社会和决战决胜脱贫攻坚任务目标，聚焦脱贫攻坚、聚焦特殊群体、聚焦群众关切，优化金融资源配置，创新金融产品和服务，加大金融支持力度，有效防范金融风险，切实做好2019—2020年金融精准扶贫工作，现提出如下意见：

一是改善货币政策传导机制，引导金融机构加大扶贫信贷投放。充分发挥扶贫再贷款引导作用，将优化运用扶贫再贷款发放贷款定价机制试点推向全国，引导贫困地区法人金融机构提升贷款利率科学定价水平。积极引导定向降准释放资金投向贫困地区，落实普惠金融定向降准政策，激励金融机构加大对贫困地区和建档立卡贫困人口的信贷支持。

二是促进金融支持与产业扶贫有效融合，增强贫困地区发展动力。加强与扶贫、农业、发展改革等部门的合作，畅通信息资源共享，搭建金融支持产业扶贫对接平台，为金融支持贫困地区产业发展提供便利。围绕贫困地区特色产业，创新金融产品和服务方式，稳妥推进农村承包土地的经营权抵押贷款、林权抵押贷款，拓宽抵押物范围。深化产业扶贫利益联结机制。金融机构要加大对带贫成效突出的龙头企业、农民合作社、创业致富带头人的信贷投放，支持市场主体和建档立卡贫困户通过股份合作、订单帮扶等方式，建立稳定、联动的利益联结关系。

三是聚焦深度贫困地区，加大金融资源倾斜力度。按照新增金融资金优先满足深度贫困地区、新增金融服务优先布局深度贫困地区的原则，从信贷资源投放、网点与服务终端布设、金融知识培训等方面加大支持力度。优先对深度贫困地区开展金融结对帮扶行动。鼓励开展与深度贫困地区"一对一"结对帮扶行动，深入了解帮扶地区企业发展和贫困户脱贫中的"融资"与"融智"需求，制订科学帮扶计划，提高贫困地区、扶贫企业、贫困人口了解金融、运用金融发展生产和实现脱贫致富的能力。

四是强化政策衔接，扎实做好易地扶贫搬迁综合金融服务。做好易地扶贫搬迁贷款资金投向、用途、额度、利率等情况的跟踪监测，防范贷款被挤占挪用，确保专款专用。支持易地扶贫搬迁后续产业发展和就业创业。各金融机构要针对搬迁安置区的多元化金融需求，提供便捷金融服务。结合搬迁安置区资源禀赋和周边产业特点，创新金融产品，支持搬迁安置区产业发展。

五是提升金融体系普惠性，优化贫困地区金融生态环境。加快推动贫困地区信用体系建设，继续推进信用户、信用村、信用乡镇评定，健全贫困户信用评价体系。进一步推进贫困地区支付服务基础设施建设，扩大贫困地区支付清算网络覆盖范围。各商业银行、支付机构要利用移动支付、互联网支付等新兴电子支付方式，改善贫困地区支付服务环境。加强金融知识宣传和金融消费者权益保护，积极开展金融教育活动，深入实施农村金融教育"金惠工程"。

六是加强协调合作，打造多层次定向帮扶体系。坚持政治统领，加强组织领导，严格落实定点帮扶责任，加大工作力度，选优配强干部，强化督促指导，确保尽锐出战。探索建立跨区域联动合作机制，推动东西部扶贫产业对接金融服务创新，加大东西部扶贫对接协作产业项目的金融支持。

七是防范金融扶贫领域风险，支持高质量可持续脱贫。按照户贷户用户还原则，切实满足符合条件的建档立卡贫困户资金需求。分类处置未直接用于贫困户发展生产的扶贫小额信贷。高度关注片面追求贷款规模和覆盖面、以扶贫名义过度举债等扶贫领域融资可能存在的风险。金融机构要加强项目遴选和风险评估，不得以脱贫攻坚名义违法违规提供融资，做好资金用途的跟踪监测，及时提示债务。

八是落实巡视整改要求，促进金融精准扶贫提质增效。认真落实中央脱贫攻坚专项巡视的整改意见，被巡视的金融机构要突出问题导向，对标对表，逐条落实，举一反三，标本兼治，查找问题不足，深挖问题根源，拿出过硬措施，推动整改常态化长效化。巩固提升金融扶贫领域作风专项治理成效。持续开展金融扶贫领域作风问题专项治理，深入分析工作中存在的责任落实、监督管理、制度执行、作风建设等方面问题，追根溯源、堵塞漏洞，建成扶贫领域作风建设长效机制。

九是巩固脱贫成果，做好金融扶贫和乡村振兴金融服务政策衔接。高度重视巩固脱贫防止返贫工作。继续加强对已脱贫地区金融政策运用，加大对脱贫地区经济发展和群众增收的金融支持，确保脱贫攻坚期内脱贫不脱政策，增强脱贫致富的稳定性。不断提升乡村振兴金融服务水平，将金融支持脱贫攻坚与乡村振兴要求有机结合，注重短期脱贫目标实现和乡村经济社会长远发展。

十是加强组织协调，有效推动政策落实。加强统计监测与评估考核，围绕脱贫攻坚新趋势新特点，加强金融精准扶贫贷款专项统计，开展金融精准扶贫贷款统计抽查检查和数据质量评估。加强金融与财税等政策协调配合，推动金融机构农户小额贷款利息收入免征增值税、涉农贷款增量奖励等政策落实，降低贫困地区金融机构经营成本。

② 在金融精准扶贫的过程中，形成了宁夏回族自治区固原市原州区"产业引领+能人带动+财政支持+金融帮扶"的新型金融扶贫模式。12月28日，由人民日报社举行的第七届中国民生发展论坛上，"2019民生示范工程"正式揭晓，《固原市原州区金融精准扶贫模式》被《人民日报·民生周刊》评为优秀案例。原州区坚持问题导向，充分发挥财政、金融、产业、扶贫等政策的叠加效应，通过整合财政资金、建立扶贫产业基金、撬动银行信贷资金、支持产业发展、带动贫困户脱贫致富的实践，有效破解了信贷资金落地障碍。该模式的主要经验如下：

第一，管理机制科学化，提升金融精准扶贫政策支持效率。为了深入推进全市金融精准扶贫工作，宁夏固原市专门成立了以市委书记为组长，中国人民银行等45家单位为成员的扶贫攻坚领导小组，专门制定出台了《固原市金融扶贫实施方案》等，加强对金融支持扶贫开发工作的规划指导，建立金融扶贫联席会议制度，定期协调指导和统筹推进全行精准扶贫工作，确保扶贫信贷投入的科学化和规范化，为精准扶贫提供政策和制度保障。建立金融扶贫信息数据库，开发了《固原市金融精准扶贫信息管理系统》，为实现金融扶贫信息"精准采集、精准对接、精准支持、量化考核、资源共享"奠定基础。

第二，信用等级分类化，提升金融精准扶贫无缝对接效率。为了营造良好的社会信用环境，宁夏固原市以村为单位，在全市824个行政村专门组建了由村委会主要负责人为组长，第一书记、包村信贷员等为成员的村级信用协会，以"五有两好"（有劳动能力、有致富愿望、有贷款需求、有经营项目、有收入保障，遵纪守法好、信用观念好）贫困户为主体，以综合诚信评价、家庭劳动力和人均纯收入作为主要量化评价指标，分A、B、C三个信用等级，为建档立卡贫困户建立信用评级授信系统，为不同信用等级的用户提供差异化服务。

第三，支持方式县域化，提升金融精准扶贫产业带动效率。一是加大对县域主导产业的"输血"力度。为推动实现扶贫开发政策效用的最优化，当地中国人民银行全面推行"扶贫再贷款+小额信贷"机制，探索建立扶贫再贷款与金融机构信贷产品挂钩制度，充分发挥扶贫再贷款的杠杆撬动作用。二是不断增强对县域主导产业的"造血"功能。从建立完善扶贫机制激发贫困农户的内在活力入手，建立完善了"主办行、示范行、示范点"制度，大力开展农村土地产权抵押贷款、退耕还林还草土地抵押贷款、农民住房财产权抵押贷款试点，并初步形成了具有地域特色的金融服务方式。

第四，信贷创新精准化，提升金融精准扶贫资金供给效率。宁夏固原市建立专门的扶贫产业担保基金，充分发挥信贷担保基金对金融资源引导、放大和风险补偿功能，利用乘数效应为金融扶贫融资需求提供融资担保服务，有效克服了财政扶贫规模有限和效率不高等难题。为了吸引金融机构加大对当地主导产业和农业产业化的支持力度，按照农户、农村专业大户、农村集体经济、企业和经济联合体等类别，分类建立多种形式的政策性融资担保体系，有效解决了贷款抵押难、担保难问题。

（5）2019年中国涉农信贷相关政策

明确普惠型涉农贷款和精准扶贫贷款增速、增量考核要求。根据2019年中央"一号文件"提出的普惠型涉农贷款增速目标，要求各银行业金融机构要保持同口径涉农贷款余额持续增长，完成普惠型涉农贷款差异化考核目标，实现普惠型涉农贷款增速总体高于各项贷款平均增速。同时，要实现精准扶贫贷款余额持续增长。深度贫困地区贷款增速力争高于所在省（市、区）贷款平均增速。

加强银保融合，推动基础金融服务扩面提质。一是加大银行保险机构乡村服务融合力度，在服务渠道等方面发挥合力，更加便捷有效地提供基础金融服务。二是简化在空白乡镇设立简易银行和保险网点审批程序，提高审批效率。三是科学合理推进基础金融服务覆盖，在不具备网点设立条件的乡镇，鼓励通过电子机具、流动服务站和便民服务点等方式实现服务覆盖。2019年中国人民银行强化农村商业银行治理能力，提升金融服务质量，同时实施一系列配套政策（见表2-14）下调服务县域的农村商业银行人民币存款准备金率，优化服务乡村振兴和脱贫攻坚金融供给机制，设立普惠金融事业部的大中型商业银行（设立"三农"事业部、扶贫事业部的银行除外）将普惠型涉农金融业务、扶贫金融业务纳入事业部制统一管理，在内部资金转移定价、考核激励政策等方面予以政策倾斜，形成专业化服务乡村振兴和助力脱贫攻坚的金融服务供给机制。

表2-14　　2019年中国涉农信贷大事记

时间	发布机构	名称	内容
2019年1月14日	中国银保监会	发布《关于推进农村商业银行坚守定位 强化治理 提升金融服务能力的意见》	农村商业银行应准确把握自身在银行体系中的差异化定位，严格审慎开展综合化和跨区域经营，原则上机构不出县（区）、业务不跨县（区）。
2019年3月22日	四川省农村信用社联合社	面向全国市场化选聘省联社主任	四川省农村信用社联合社是省政府直接管理的地方金融机构，此次选聘省联社主任是全国首例面向全国市场化选聘。
2019年4月29日	银保监会	全面排查农村中小银行股东股权	为进一步夯实农村中小银行公司治理基础，结合2018年排查整治工作结果，银保监会指出了农村中小银行股东股权存在的四点突出问题：部分机构关联交易控制不足，未制定关联交易管理制度，关联方授信余额未纳入全面授信管理，甚至通过不当关联交易进行利益输送。
2019年5月21日	中国人民银行	发布《中国人民银行关于下调服务县域的农村商业银行人民币存款准备金率的通知》	服务县域的农村商业银行应将降准资金全部用于发放民营企业和小微企业贷款，降准三步走！央行：7月15日服务县域农商行存款准备金率降至8%。
2019年5月29日	江苏省财政厅	发布《江苏省财政厅关于实行省级国有金融资本集中统一管理的通知》	江苏省农村信用社联合社等7家省级国有金融机构划归财政厅直管。多省逐步落实省级国有金融资本集中统一管理。

续表

时间	发布机构	名称	内容
2019年7月19日	中国银保监会、中国证监会	正式发布实施《中国银保监会 中国证监会关于商业银行发行优先股补充一级资本的指导意见（修订）》。	本次修订后，股东人数累计超过200人的非上市银行，在满足发行条件和审慎监管要求的前提下，将无须在"新三板"挂牌即可直接发行优先股。农商行迎政策红利。
2019年9月26日	财政部	发布《金融企业财务规则（征求意见稿）》，向社会公开征求意见。	按新规，拨备覆盖率超过240%—300%以上的银行，应视为存在隐藏利润的倾向，要对超额计提部分还原成未分配利润进行分配。梳理统计发现，目前上市的35家银行业金融机构中，共7家银行处于本次调整的红线之上，其中，农商行系统受影响最大。
2019年10月29日	重庆农商银行	重庆农商银行正式登陆上交所主板上市	全国首家"A+H"农商行诞生，重庆农商银行正式登陆上交所主板上市。
2019年11月25日	中国人民银行	发布《中国金融稳定报告（2019）》	报告提出，要深化省联社改革，提升服务水平。坚持市场化、法治化、企业化改革方向，科学界定服务功能和业务范围，合理优化调整管理事项，制定依法管理履职清单，明确职责边界。
2019年12月31日	中国银保监会	发布《中国银保监会农村中小银行机构行政许可事项实施办法》	着力于进一步完善农村金融服务体系，明确提出"单个境内非金融机构及其关联方、一致行动人合计投资入股比例不得超过农村商业银行股本总额的10%。"

数据来源：中国人民银行，西部发展研究院整理，2020年9月。

中国人民银行积极推动金融机构农户小额贷款利息收入免征增值税、涉农贷款增量奖励等政策落实，降低贫困地区金融机构经营成本，发挥各级农业信贷担保体系作用，强化政府性融资担保公司的风险分析能力，降低贫困地区涉农信贷风险，推动地方政府结合贫困县涉农资金整合工作，合理安排资金，加大扶贫贷款贴息力度，提高金融扶贫可持续性。

（6）涉农信贷风险分析

① 涉农信贷存在的问题。一是农村金融生态环境差，农民诚信意识淡薄。近年来，部分乡镇农民盲目扩大生产经营，存在盲目申请贷款和"张冠李贷"等借名、

搭名贷款现象，农民从短期利益出发，守信自律和法律意识极差，形成恶意逃废金融债务行为，出现扯皮、赖债不还现象，严重影响了农业贷款的发放、使用与回收。大量不良贷款长期占用了信贷资金，降低了信贷资金的流动性、效益性，遏制银行业的发展，成为阻碍银行业支持经济发展的"瓶颈"。

二是涉农贷款市场风险大，抵押担保难，地方政府等部门配套服务保障措施不健全。近些年银行业积极贯彻落实国家支农、惠农政策，逐年加大涉农贷款投放力度，扶持农业产业化、现代化建设，极大改善了农业结构，实现了农业增效、农民增收。但农业生产季节性强、贷款周期长、抗风险能力弱，依赖自然、市场等因素强，农民经营收入不稳定，农民又缺少可担保的抵押物，尚不能做到有效的抵押担保，缺乏对抗风险的保障机制。

三是对信贷产品应用能力差，信贷人员市场营销理念淡薄。银行业的信贷产品应用能力差，主要表现在信贷人员对贷款品种学习、掌握不熟，不能根据客户的不同需求，综合运用贷款品种，满足客户多种多元化需要，不能介绍出不同贷款产品的优劣势，缺少有效营销手段，即对信贷产品不熟悉，只知其一不知其二。

四是信贷管理手段相对落后，整体信贷管理水平不高。银行虽然建立了比较完善的信贷管理制度和内控机制，逐步强化了信贷管理工作，但基层信用社和部分银行机构在执行过程中，不能认真落实，执行力、落实力较差，信贷人员对贷款"三查"制度执行不严，信贷业务操作不规范，存在违规发放贷款情况，导致贷款质量偏低。在实际工作中，只注重贷款前调查和贷款中审查，疏忽贷后跟踪检查，多数农户贷款基本没有进行贷后检查，贷款发放后信贷人员对借款人的生产经营、贷款资金使用去向、资金链等情况掌握不准，导致贷款逾期不能偿还，造成不良贷款余额大、占比高，部分信用社的不良贷款率高达10%以上。

② 涉农信贷问题的对策。一是提高农户的诚信意识。部分农户存在缺乏按时还款意识的问题。虽然从客观方面来说，农业居民的收入不稳定，容易受到自然灾害等难以稳定预测因素的影响，但一般金融机构给农户发放贷款前，会充分考虑贷款人个人风险承受能力。因此，在贷款前商业银行有必要向个人强化诚信意识。这一点可以与商业银行对涉农贷款进行政策宣传同步进行，加强农村基层道德风尚的培

养,让"借款必还"的意识深入人心,避免贷款对象的贷款盲目性。

二是健全涉农贷款的风控体系。银行应立足于高位,用长远的眼光看待农业经济的发展,摒弃偏见,落实对农业信贷风险的管理机制。建立一套"事前投放谨慎,事中监督严格,事后评价合理"的放贷流程,建立健全一套针对涉农贷款的风险评价控制体系,提高该类贷款在银行资产中的地位,以期实现金融业与农业"双赢"。

三是加强信贷业务培训,扩大业务知识面学习。一个成熟的信贷员,不但要精通银行信贷业务,还必须熟练掌握多行业的生产流程和业务,当前必须掌握民事法律、农机专业、商品流通、粮食市场等方面的业务知识。只有抓住市场,才能壮大涉农的贷款业务,可多方面地建立、发展市场信息网络,掌握第一手资料,通过政府的招商引资项目、市场走访、利用同业关系网等,获得市场经济信息,在市场竞争中处于不败之地。

四是强化信贷管理手段,提高整体信贷管理水平。银行要落实对"三农"的支持,在信贷流程上必须有所改进。银行可以在信贷数额或信贷频率较大的地方设立小型据点,聘请对相关领域比较了解的人作为辅助,主要负责对农民计划的项目进行可行性评估,解决银行与农户之间的信息不对称问题。再由工作人员检查信贷材料是否合规、授信金额是否合适等。

2.4.3 中国农业产业企业债情况

2019年我国债券市场平稳运行,呈现窄幅震荡格局。债券发行量大幅增长,存量规模稳步增长,交易结算量增幅扩大,市场流动性有所提高。在世界主要经济体增速放缓、中美贸易摩擦持续、国内经济下行压力较大等复杂形势下,我国货币政策保持稳健适宜,货币市场利率整体降低,债券收益率略有下行,社会融资成本小幅降低。债券市场信用风险高位企稳,信用债券发行回暖,信用利差全面收窄。债券产品创新提速,价格指标细化丰富,发行交易制度持续完善,风险疏导机制陆续推出,对外开放步伐不断加快,境外投资者持债规模大幅提高。我国债券市场发展日益成熟,为社会提供了安全、高效的直接融资渠道,服务我国经济高质量发展。

2019年债券市场共发行各类债券27.04万亿元,同比增长19.65%。其中,在中央结算公司登记发行债券15.31万亿元，占比56.61%；上海清算所新发债券7.21万亿元，占比26.67%；交易所新发债券4.52万亿元，占比16.72%。银行间债券市场发行方面，在中央结算公司发行记账式国债3.76万亿元，同比增长12.69%，占比17%；发行地方债券4.36万亿元，同比增长4.74%，占比19%；发行政策性银行债3.66万亿元，同比增长6.59%，占比16%；发行商业银行债1.60万亿元，同比增长74.36%，占比7%；发行信贷资产支持证券0.96万亿元，同比增长3.39%，占比4%。在上清所发行中期票据1.84万亿元，同比增长9.37%，占比8%；发行短期融资券（含超短融）3.58万亿元，同比增长14.54%，占比16%；发行非公开定向债务融资工具0.62万亿元，同比增长13.25%，占比3%（见图2-11）。

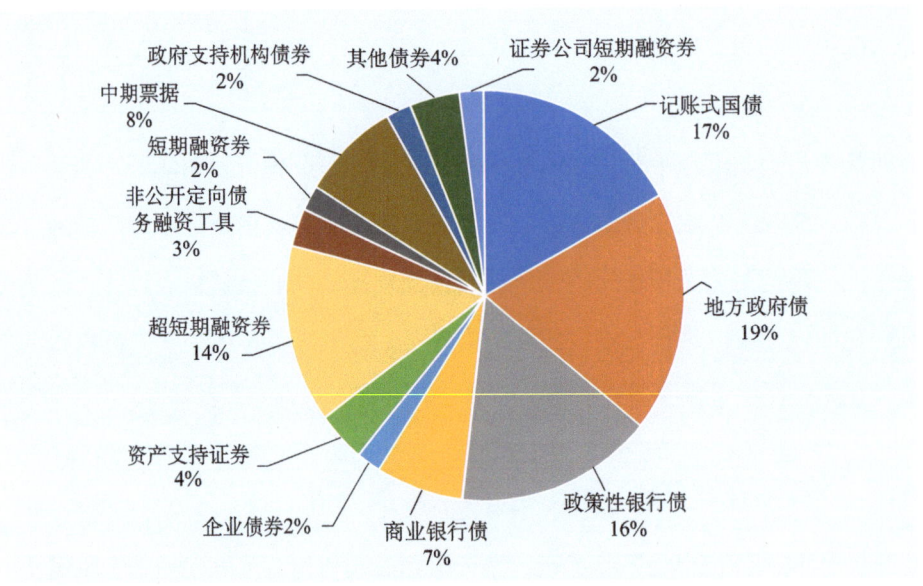

图2-11　2019年银行间债券市场各券种发行量占比

数据来源：中国债券信息网，西部发展研究院整理，2020年9月。

2019年我国债券市场呈现以下几个特点[①]：

一是债券市场发行规模稳步扩大。2019年债券市场共发行各类债券27.04万亿元，同比增长19.65%。截至2019年12月末，债券市场托管余额为99.1万亿元，其中银行间债券市场托管余额为86.4万亿元。

---

① 数据来源：《2019年金融市场运行情况》。

二是银行间市场成交量增加。2019年，债券市场现券交易量217.4万亿元，同比增长38.6%。其中，银行间债券市场现券交易量209.0万亿元，日均成交8360.1亿元，同比增长39.6%；交易所债券市场现券交易量8.4万亿元，日均成交342.3亿元，同比增长40.3%。

三是债券收益率和货币市场利率下行。2019年，债券收益率曲线整体下移。12月末，1年、3年、5年、7年、10年期国债收益率分别为2.36%、2.73%、2.89%、3.04%、3.14%，分别较上年同期下行24bp、14bp、8bp、13bp、9bp。2019年12月，银行间货币市场同业拆借月加权平均利率为2.09%，较上年同期下降48bp，质押式回购月加权平均利率为2.10%，较上年同期下降58bp。

四是投资者数量进一步增加。2019年末，银行间债券市场各类参与主体共计25888家，较2018年末增加5125家。公司信用类债券持有者中存款类机构持有量较2018年末有所增加，存款类金融机构、非银行金融机构、非法人机构投资者和其他投资者的持有债券占比分别为23.8%、7.0%、69.2%。

五是利率衍生品市场成交金额回落。2019年，银行间人民币利率衍生品市场累计成交18.6万亿元，同比下降13.4%。其中，利率互换名义本金总额18.2万亿元，同比下降16.0%；标准债券远期成交4368.0亿元，信用风险缓释凭证创设名义本金133.5亿元，信用违约互换名义本金2.8亿元。

六是股票市场主要指数上行。2019年末，上证综指收于3050.12点，较2018年末上涨556.22点，涨幅为22.3%；深证成指收于10430.77点，较2018年末上涨3190.98点，涨幅为44.1%。两市全年成交额127.42万亿元，同比增长41.1%。

2.4.4　中国农业产业保险情况

2019年保险业总资产和资金运用余额分别达到了20.56万亿元和18.53万亿元，较年初分别增长9.69%和10.78%。原保险保费收入4.26万亿元，同比增长12.17%。其中，财产险公司原保险保费收入1.3万亿元，同比增长10.72%；人身险公司原保险保费收入3.10万亿元，同比增长13.76%。赔款和给付支出1.29万亿元，同比增长4.8%。其中，财产险业务赔款0.65万亿元，同比增长10.25%；人身险业务赔款0.64万亿元，同比下降0.13%（见表2-15、表2-16）。

表2-15　　2019年保险市场统计　　单位：亿元

项目/季度	第一季度	第二季度	第三季度	第四季度
保费收入	16322	9215	8983	8125
财产险	2953	2940	2765	2991
人身险	13369	6275	6218	5133
赔款、给付	3318	2914	3179	3483
财产险	1428	1490	1622	1962
人身险	1891	1423	1557	1521
资金运用余额	170554	173672	177772	185271
其中：银行存款	26189	26335	25213	25227
资产总额	191082	195026	199601	205645

数据来源：中国保监会，西部发展研究院整理，2020年9月。

表2-16　　2019全国各地区原保险保费收入情况表　　单位：亿元

地区	合计	财产保险	寿险	意外险	健康险
全国合计	42645	11649	22754	1175	7066
集团、总公司本级	52	47	0	4	1
北京	2076	455	1163	58	401
天津	618	152	355	18	92
河北	1989	573	1062	38	317
辽宁	919	284	473	19	142
大连	371	88	230	7	47
上海	1720	525	839	91	265
江苏	3750	941	2215	85	509
浙江	2251	734	1159	66	292
宁波	376	166	164	9	37
福建	948	260	478	29	182
厦门	227	79	107	7	33
山东	2751	663	1514	62	511
青岛	487	127	260	10	89

续表

地区	合计	财产保险	寿险	意外险	健康险
广东	4112	1071	2303	129	609
深圳	1384	362	709	66	248
海南	203	71	90	8	33
山西	883	227	492	19	146
吉林	679	184	348	14	133
黑龙江	952	202	527	18	205
吉林	679	184	348	14	133
江西	835	260	395	22	158
河南	2431	532	1379	52	468
湖北	1729	398	975	44	312
湖南	1396	398	975	44	312
重庆	916	220	506	26	164
四川	2149	513	1231	56	348
贵州	489	223	172	19	75
云南	742	297	293	25	127
西藏	37	25	5	3	4
陕西	1033	217	639	25	152
甘肃	444	138	213	13	80
青海	98	42	38	3	16
宁夏	198	68	88	6	36
新疆	654	225	289	18	122
内蒙古	730	213	376	15	126
广西	665	217	299	25	124

数据来源：中国保监会，西部发展研究院整理，2020年9月。

在政策支持和推动下，我国农业保险近几年实现较快发展。2019年农业保险原保险保费收入为672.48亿元，同比增长17.41%。农业保险市场发展迅速，保费收入逐年增加，从2007年的53.33亿元增长到2019年的672.48亿元，增加了12.61

倍（见图2-12）。2019年末，全国金融精准扶贫贷款余额3.96万亿元，较年初增加3403亿元。全国扶贫小额信贷累计发放4270.16亿元，余额1865.48亿元；累计支持建档立卡贫困户1035.73万户次，余额覆盖户数470.71万户。银行业金融机构通过机构网点、机具服务、流动服务等方式将基础金融服务覆盖到832个国家扶贫开发重点县的16.63万个行政村，覆盖率达99.30%；832个国家扶贫开发重点县中，412个县设立了村镇银行，覆盖率接近50%。保险服务覆盖到全国3.07万个乡镇，覆盖率超过95%。全国农业保险全年实现保费收入672.48亿元，农业保险承保农作物超过270种，基本覆盖常见农作物，备案扶贫专属农业保险产品425个，价格保险、收入保险、"保险+期货"等新型险种快速发展。2019年，农业保险参保农户1.91亿户次，提供风险保障3.81万亿元，支付赔款560.20亿元，受益农户4918.25万户次。

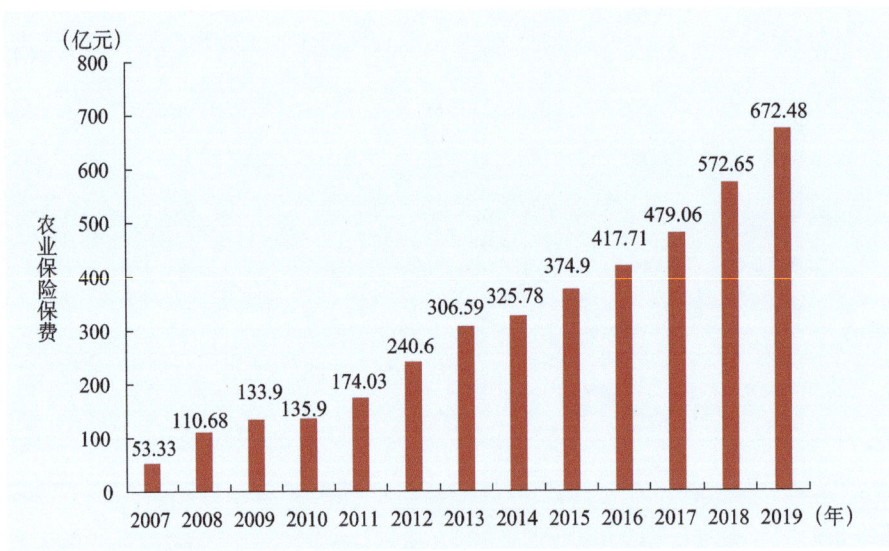

图2-12　2007—2019年中国财产保险公司农业保险保费变化

数据来源：国家统计局，西部发展研究院整理，2020年9月。

明晰政府与市场边界。地方各级政府不参与农业保险的具体经营。在充分尊重保险机构产品开发、精算定价、承保理赔等经营自主权的基础上，通过给予必要的保费补贴、大灾赔付、提供信息数据等支持，调动市场主体积极性。加快建立财政支持的多方参与、风险共担、多层分散的农业保险大灾风险分散机制。基层政府部门和相关单位可以按照有关规定，协助办理农业保险业务。推进政策性农业保险改革试点，在增强农业保险产品内在吸引力的基础上，结合实施重要农产品保障战略，稳步扩大关系国计民生和国家粮食安全的大宗农产品保险覆盖面，提高小农户农业保险投保率，实现愿保尽保。

2.4.5 2019年中国非金融领域投资情况

2019年外商直接投资（不含银行、证券、保险领域）新设立企业40888家，比2018年下降32.5%。实际使用外商直接投资金额9415亿元，同比增长5.8%，折1381亿美元，同比增长2.4%。其中"一带一路"沿线国家对华直接投资新设立企业5591家，同比增长24.8%；对华直接投资金额（含通过部分自由港对华投资）576亿元，同比增长36.0%，折84亿美元，同比增长30.6%。全年高技术产业实际使用外资2660亿元，同比增长25.6%，折391亿美元，同比增长21.7%[1]（见表2-17）。

表2-17 2019年外商直接投资(不含银行、证券、保险领域)及其增长速度

行业	企业数（家）	比2018年增长（%）	实际使用金额（亿元）	比2018年增长（%）
总计	40888	-32.5	9415	5.8
其中：农林牧渔业	495	-33.2	38	-27.9
制造业	5392	-12.3	2416	-11.0
电力、热力、燃气及水生产和供应业	295	3.9	239	-17.6
交通运输、仓储和邮政业	591	-21.6	309	-1.6
信息传输、软件和信息技术服务业	4295	-40.5	999	29.4
批发和零售业	13827	-39.5	614	-4.5
房地产业	1050	-0.3	1608	8.0
租赁和商务服务业	5777	-36.5	1499	20.6
居民服务、修理和其他服务业	361	-25.6	37	-0.4

数据来源：国家统计局，西部发展研究院整理，2020年9月。

2019年全年，我国全行业对外直接投资总额1171.2亿美元，同比下降9.8%。其中，对外金融类直接投资65.2亿美元，同比下降30.11%；对外非金融类直接投

---

[1] 数据来源：《2019年国民经济和社会发展统计公报》。

资 1106 亿美元，同比下降 8.2%。其中，对"一带一路"沿线国家非金融类直接投资额 150 亿美元，同比下降 3.8%。对外承包工程完成营业额 1729 亿美元，比 2018 年增长 2.3%。对"一带一路"沿线国家完成营业额 980 亿美元，同比增长 9.7%，占对外承包工程完成营业额比重为 56.7%。对外劳务合作派出各类劳务人员 49 万人[①]（见表 2-18）。

表 2-18　　2019 年对外非金融类直接投资额及其增长速度

行业	金额（亿美元）	比上年增长（%）
总计	1106.0	-8.2
其中：农林牧渔业	15.4	-13.0
采矿业	75.2	-18.5
制造业	200.8	6.7
电力、热力、燃气及水生产和供应业	25.2	-20.5
建筑业	85.1	15.6
批发和零售业	125.7	18.6
交通运输、仓储和邮政业	55.5	-4.3
信息传输、软件和信息技术服务业	61.2	-10.5
房地产业	48.2	22.0
租赁和商务服务业	355.6	-20.3

数据来源：国家统计局，西部发展研究院整理，2020 年 9 月。

另外，2019 年在股票融资方面，全国股票筹资额达到了 6862 亿元，成交金额为 1274159 亿元，第二季度的股票市场比较活跃，成交金额相对高于其他三个季度（见表 2-19）。

表 2-19　　2019 年股票市场统计量

项目/季度	第一季度	第二季度	第三季度	第四季度
股票筹资额（亿元）	1005	2653	1256	1948
成交金额（亿元）	340731	354636	303777	275015
期末总股本（亿股）	58309	59322	60432	61720

---

① 数据来源：《2019 年国民经济和社会发展统计公报》。

续表

项目/季度	第一季度	第二季度	第三季度	第四季度
期末市场总值（亿元）	562856	536297	545836	592935
期末上市公司数（家）	3617	3648	3708	3777
期末收盘指数	—	—	—	—
上证综合指数（1990年12月19日=100）	3091	2979	2905	3050
深证成分指数（1994年7月20日=1000）	9907	9178	9446	10431

数据来源：中国人民银行，西部发展研究院整理，2020年9月。

2019年在期货市场方面，期货的成交量为396207万手，全年的成交金额为2906084亿元。其中第三季度的期货市场比较活跃，成交的金额相对来说高于其他三个季度（见表2-20）。

表2-20　　　　　　　　　　2019年期货市场统计

项目/季度	第一季度	第二季度	第三季度	第四季度
成交量（万手）	76989	96505	116327	106386
成交金额（亿元）	560808	724836	857508	762932
期末持仓量（万手）	1660	1788	1617	2044

数据来源：中国期货业协会，西部发展研究院整理，2020年9月。

3

中国农业领域企业上市情况

3 中国农业领域企业上市情况

3.1 中国农业领域企业上市总体情况

3.1.1 上市地点分布

2019 年，我国共有 25 家企业涉足农业领域挂牌上市，从挂牌上市数量及其占比来看，在新三板上市 13 家，占农业领域上市企业总数的 52%；在香港证券交易所主板上市 4 家，占比 16%；在上海证券交易所创业板上市 3 家，占比 12%；在深圳中小板、深圳创业板都分别上市 2 家，分别占比 8%；在纳斯达克证券交易所上市 1 家，占比 4%。2019 年没有农业企业在四板挂牌上市（见图 3-1 和表 3-1）。

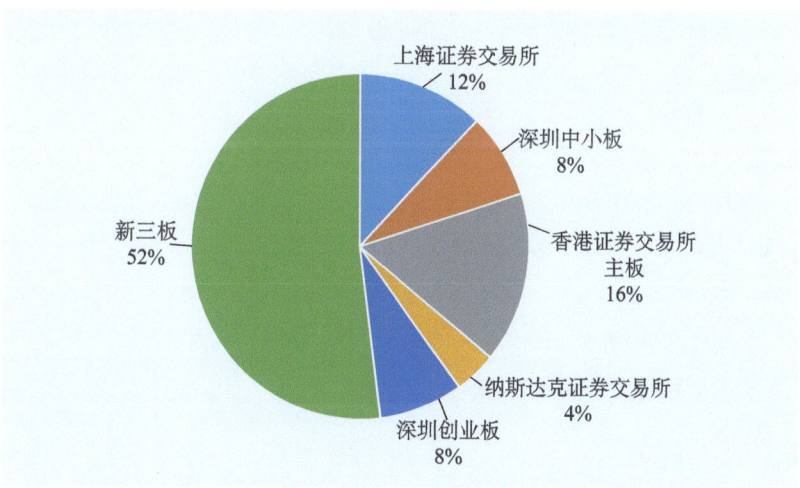

图 3-1 2019 年中国农业领域企业上市地点分布（按上市数量）

数据来源：私募通，西部发展研究院整理，2020 年 9 月。

表 3-1　　　　2019 年中国农业领域企业上市地点分布(按上市数量)

上市地点	上海证券交易所	深圳中小板	香港证券交易所主板	纳斯达克证券交易所	深圳创业板	新三板
企业数量（个）	3	2	4	1	2	13

数据来源：私募通，西部发展研究院整理，2020 年 9 月。

3.1.2 二级行业分布

从二级行业上市企业数量来看，2019年中国农业领域的上市企业主要集中于食品饮料行业，共有16家企业挂牌上市，占比64%；其次是农林牧渔，有5家企业上市，均占比20%；最后是农药及肥料行业，有4家企业上市，占比16%（见图3-2和表3-2）。

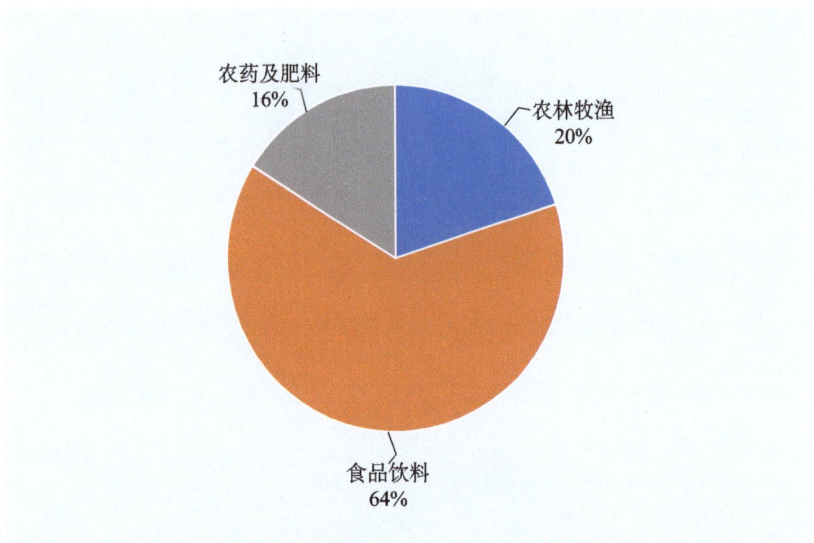

图3-2　2019年中国农业领域上市企业二级行业分布（按上市数量）

数据来源：私募通，西部发展研究院整理，2020年9月。

表3-2　2019年中国农业领域上市企业二级行业分布（按上市数量）

行业	农林牧渔	食品饮料	农药及肥料
上市数量（个）	5	16	4

数据来源：私募通，西部发展研究院整理，2020年9月。

3.1.3 VC/PE支持情况

2019年在农业领域挂牌上市的25家企业中，得到VC/PE支持的企业有10家，占比40.00%；未获得VC/PE支持的企业有15家，占比60.00%（见表3-3）。

表3-3　　　　　2019年中国农业领域上市VC/PE支持情况

VC/PE 支持情况	上市企业数量	占比（%）
有 VC/PE 支持	10	40.00
无 VC/PE 支持	15	60.00
合计	25	100.00

数据来源：私募通，西部发展研究院整理，2020年9月。

3.2 中国农业领域企业 IPO 上市情况

3.2.1 2019 年中国企业 IPO 上市总体情况

根据私募通统计，2019年我国共有410家企业成功进行IPO上市。分行业来看，IPO上市第一的是生物技术/医疗健康行业，上市案例为48起，占比11.71%；第二位的是机械制造，上市案例都为45起，占比10.98%；位居第三的是半导体及电子设备，上市案例34起，占比8.29%；第四位、第五位的是互联网和金融，均为33起，占比8.05%；其余行业上市案例均在30起以下（见表3-4）。

在农业产业领域，2019年共有12家企业成功进行IPO上市，分别分布于农林牧渔、食品饮料、农药及肥料行业板块。其中，在农林牧渔板块IPO上市1起，在食品饮料板块IPO上市10起，农药及肥料板块1起。

从融资额来看，金融行业融资额最多，20家上市企业共融资151.66亿美元，占2019年IPO融资总额的16.86%；其次是B2B行业，2家上市企业共融资114.01亿美元，占2019年IPO融资总额的12.68%；第三是汽车行业，12家上市企业共融资97.28亿美元，占2019年IPO融资总额的10.82%。

在农业领域上市的12家企业通过IPO共融资66.02亿美元，融资总金额较2018年有大幅上升。与其他行业相比，农业领域企业IPO融资规模相对较小。

表3-4　　2019年中国企业IPO上市总体情况

行业	数量（起）	与总数量比（%）	金额（百万元）	与总金额比（%）	平均金额（百万元）	与总平均金额比（%）
生物技术/医疗健康	48	11.71	54002.63	8.59	1125.05	1.42
机械制造	45	10.98	27381.32	4.36	608.47	0.77
半导体及电子设备	34	8.29	30706.83	4.89	903.14	1.14
互联网	33	8.05	31443.16	5.00	952.82	1.21
金融	33	8.05	105976.10	16.86	3211.40	4.06
建筑/工程	29	7.07	7538.02	1.20	259.93	0.33
IT	27	6.59	23588.30	3.75	873.64	1.11
房地产	20	4.88	23332.84	3.71	1166.64	1.48
能源及矿产	15	3.66	34924.72	5.56	2328.31	2.95
其他	13	3.17	43792.44	6.97	3368.65	4.26
汽车	12	2.93	67980.79	10.82	5665.07	7.17
新材料	12	2.93	8157.92	1.30	679.83	0.86
娱乐传媒	11	2.68	6454.91	1.03	586.81	0.74
食品饮料	10	2.44	4401.46	0.70	440.15	0.56
教育与培训	10	2.44	8309.40	1.32	830.94	1.05
化工原料及加工	8	1.95	6443.14	1.03	805.39	1.02
环保	7	1.71	3734.81	0.59	533.54	0.68
纺织及服装	7	1.71	1441.51	0.23	205.93	0.26
连锁及零售	6	1.46	12872.90	2.05	2145.48	2.72
物流	6	1.46	19016.18	3.03	3169.36	4.01
电信及增值业务	5	1.22	13961.54	2.22	2792.31	3.53
日用化学	5	1.22	3702.07	0.59	740.41	0.94
激光	3	0.73	3157.11	0.50	1052.37	1.33
B2B	2	0.49	79679.93	12.68	39839.97	50.43
包装	2	0.49	814.80	0.13	407.40	0.52

续表

行业	数量（起）	与总数量比（%）	金额（百万元）	与总金额比（%）	平均金额（百万元）	与总平均金额比（%）
酒店	2	0.49	1267.45	0.20	633.73	0.80
咨询	2	0.49	1521.94	0.24	760.97	0.96
农林牧渔	1	0.24	1211.57	0.19	1211.57	1.53
家具	1	0.24	1678.47	0.27	1678.47	2.12
旅游	1	0.24	25.98	0.00	25.98	0.03
合计	410	100.00	628520.24	100.00	79003.73	100.00

数据来源：私募通，西部发展研究院整理，2020年9月。

3.2.2　2019年中国农业领域企业IPO上市情况

（1）总体情况

2019年，农业领域共有12家企业发行新股并成功上市交易，融资金额66.02亿美元。其中有7家企业得到VC/PE的支持（见表3-5）。

表3-5　2019年中国农业领域IPO上市总体情况

时间	行业（清科）	股票代码	筹资额（百万）	市盈率	VC/PE支持
2019年11月15日	农药及肥料	300796	RMB 431.78	22.99	是
2019年11月13日	液体乳及乳制品制造	06186	HKD 6700.05	—	是
2019年10月17日	其他食品加工	01084	HKD 232.00	—	否
2019年9月30日	酒制造	01876	HKD 39196.01	—	否
2019年8月28日	食品制造业	603755	RMB 387.16	22.98	是
2019年8月14日	肉制品及副产品加工	PLIN	USD 5.86	—	否
2019年6月19日	食品制造业	002956	RMB 733.20	22.99	是
2019年5月8日	食品制造业	603697	RMB 625.67	13.92	是
2019年4月16日	其他食品制造业	603317	RMB 556.17	22.99	是
2019年2月18日	畜牧业	300761	RMB 1211.57	16.05	是

续表

时间	行业（清科）	股票代码	筹资额（百万）	市盈率	VC/PE 支持
2019年1月25日	液体乳及乳制品制造	002946	RMB 465.27	22.96	否
2019年1月14日	食品制造业	01767	RMB 125.00	—	否

数据来源：私募通，西部发展研究院整理，2020年9月。

（2）上市地点分布

2019年，农业领域有12家企业完成境内IPO上市。其中，香港证券交易所主板4家，上海证券交易所主板3家，深圳证券交易所中小板2家，深圳证券交易所创业板2家，境外市场为纳斯达克证券交易所1家（见图3-3和表3-6）。

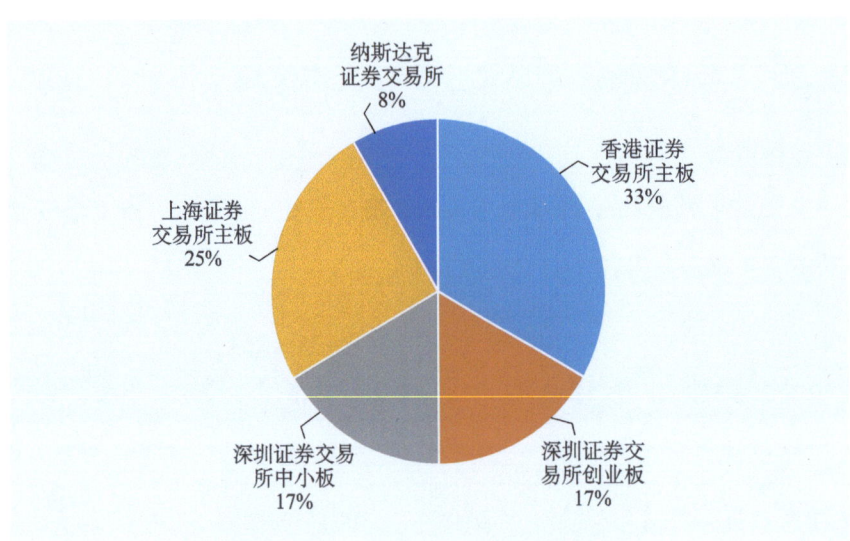

图 3-3 2019年农业上市公司地点分布

数据来源：私募通，西部发展研究院整理，2020年9月。

表3-6　　　　　　　　　2019年农业上市公司地点分布

上市地点	香港证券交易所主板	深圳证券交易所创业板	深圳证券交易所中小板	上海证券交易所主板	纳斯达克证券交易所
上市数量（个）	4	2	2	3	1

数据来源：私募通，西部发展研究院整理，2020年9月。

（3）二级行业分布

2019年，12家完成IPO上市的农业企业中，10家企业分布于食品饮料板块，1

家企业分布于农药及化肥板块，1家企业分布于农林牧渔板块（见图3-4和表3-7）。

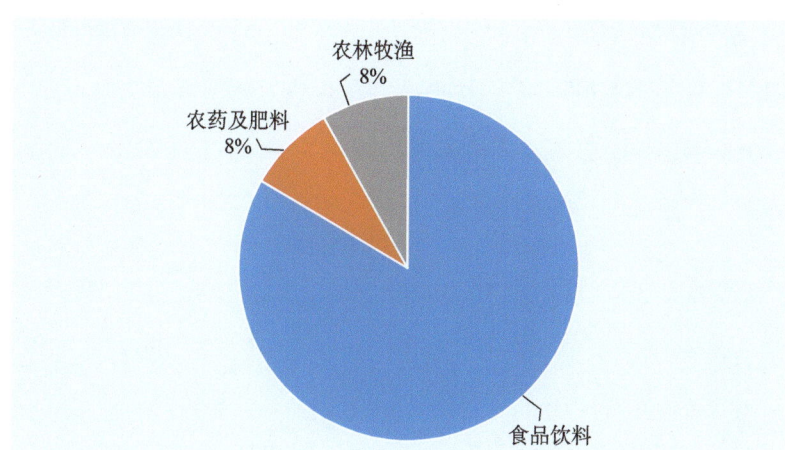

图3-4 2019年农业领域上市公司二级行业分布

数据来源：私募通，西部发展研究院整理，2020年9月。

表3-7　　　　2019年农业领域上市公司二级行业分布

行业	食品饮料	农药及肥料	农林牧渔
上市数量（个）	10	1	1

数据来源：私募通，西部发展研究院整理，2020年9月。

3.2.3　2010—2019年中国农业领域企业IPO上市发展趋势

（1）案例数量

2010—2019年，中国农业领域已披露的投资案例累积达到159起。其中，2010年成功上市的IPO案例最多，共有32起；2013年中国IPO市场步入史上最严审核时期，各行业IPO项目因此受限，农业领域IPO也大幅减少，仅有3起。2014年受新股发行开闸的影响，国内IPO步入正常化，完成IPO案例16起。2015年成功上市的案例数较2014年有所增长，全年共有21家企业完成IPO。2016年上市案例数量有所下降，共有14家企业完成IPO上市。2017年、2018年、2019年分别有17家、12家、12家企业成功在IPO上市，2019年与2018年上市案例相同（见图3-5）。

（2）融资金额

从2010—2019年，农业领域企业IPO融资总额阶段性波动趋势明显。2010—2012年上市融资额呈现下降趋势，2012年融资额下降到7.42亿美元。之后2013

年、2014年IPO成功案例数量、融资总额均在上升，2014年的IPO成功案例数量达到16起、融资总额达到34.70亿美元。2015年的IPO成功案例数量较2014年有所增加，但是融资额却有所下降，比2014年的融资总额下降了2.21亿美元。随后，2019年与2018年IPO成功案例数量虽然相同均为12起，但2019年的融资总额大幅上升至66.02亿美元，创新历史新高（见图3-6）。

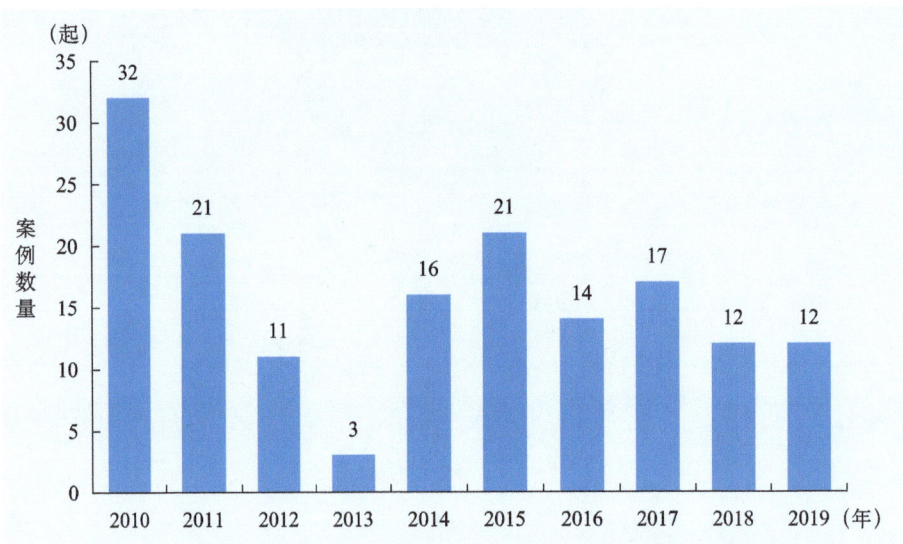

图3-5　2010—2019年中国农业领域企业IPO上市情况（按投资案例数）

数据来源：私募通，西部发展研究院整理，2020年9月。

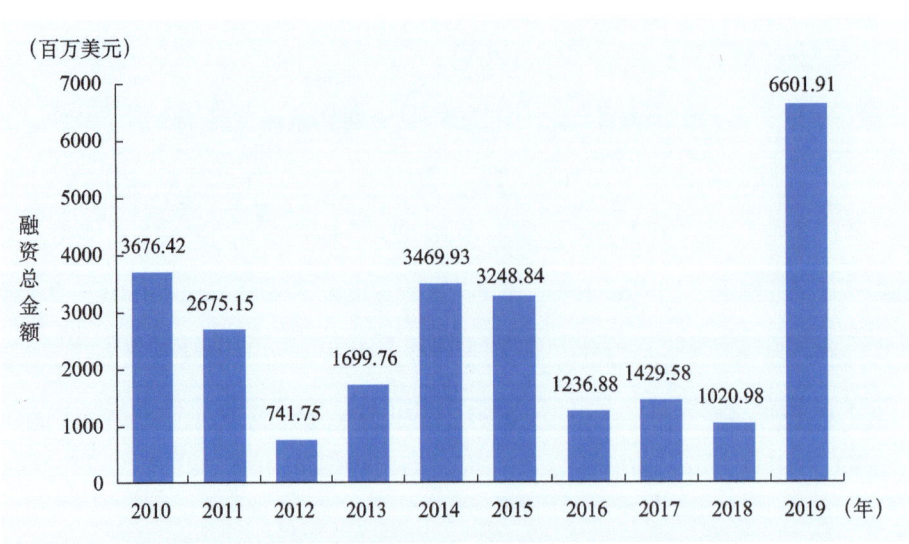

图3-6　2010—2019年中国农业领域企业IPO融资额

数据来源：私募通，西部发展研究院整理，2020年9月。

（3）上市地点

①不同交易所上市企业数量分布。从2010—2019年上市企业数量看，在深圳中小企业板上市的企业有52家，占比32.70%，位居第一。在香港证券交易所主板上市的企业有38家，占比23.90%，位居第二。在上海证券交易所上市的企业有32家，占比20.13%，位居第三。其他的农业领域企业在多伦多证券交易所、法兰克福证券交易所、伦敦证券交易所、美国证券交易所、纳斯达克证券交易所、纽约证券交易所、香港证券交易所创业板、深圳证券交易所创业板、新加坡证券交易所、澳大利亚证交所上市（见图3-7和表3-8）。

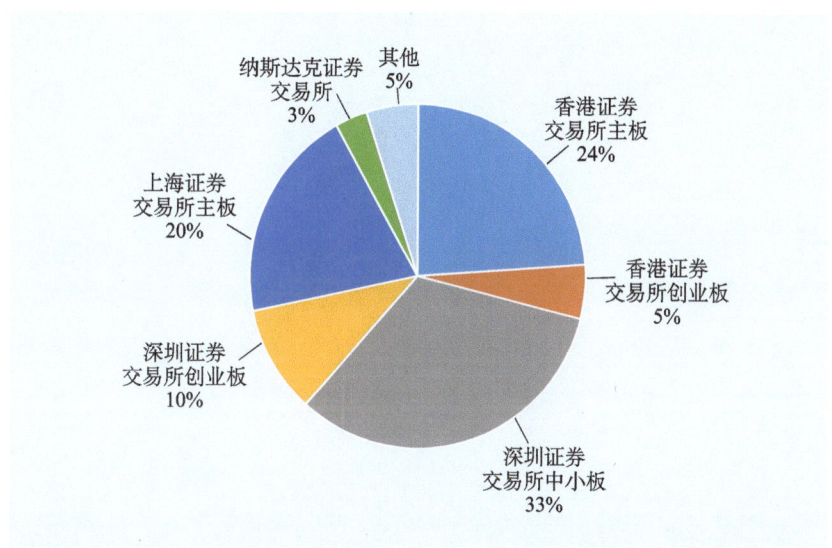

图3-7　2006—2019年中国农业领域IPO上市地点分布（按IPO数量）

数据来源：私募通，西部发展研究院整理，2020年9月。

表3-8　　2006—2019年中国农业领域IPO上市地点分布（按IPO数量）

上市地点	香港证券交易所主板	香港证券交易所创业板	深圳证券交易所中小板	深圳证券交易所创业板	上海证券交易所主板	纳斯达克证券交易所	其他
IPO数量（个）	38	8	52	16	32	5	8

数据来源：私募通，西部发展研究院整理，2020年9月。

②不同交易所上市企业融资金额分布。从2010—2019年上市企业融资金额来看，香港主板上市企业的融资额位居第一，占比49%，数量众多且单笔融资金额

可观。第二是深圳中小企业板，融资额占比21%。第三是上海证券交易所，融资额占比14%。在深圳创业板上市的企业，由于受自身发展规模和创业风险的限制，融资额仅占全部融资额的8%。其余融资额则分布在香港创业板、美国纽交所和NASDAQ、德国法兰克福证交所、澳大利亚证交所（见图3-8和表3-9）。

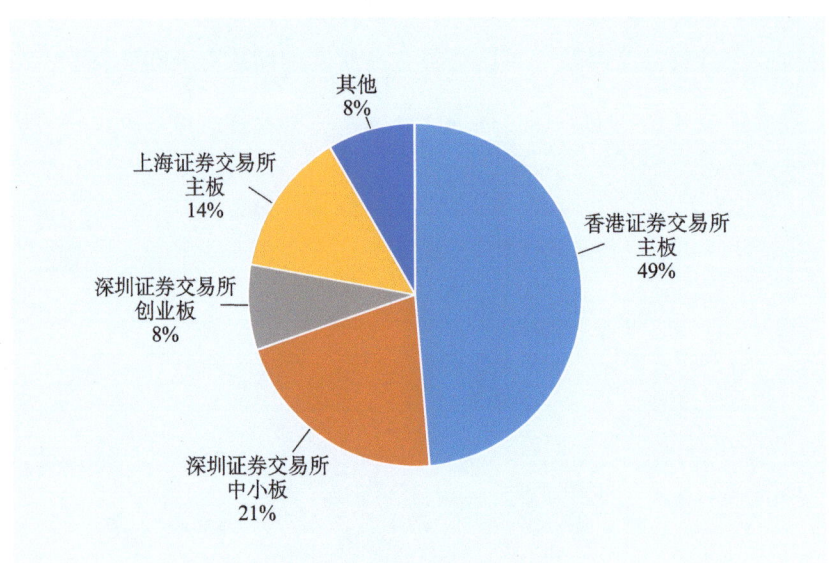

图3-8　2006—2019年中国农业领域企业IPO融资金额分布

数据来源：私募通，西部发展研究院整理，2020年9月。

表3-9　2006—2019年中国农业领域企业IPO融资金额分布

上市地点	香港证券交易所主板	香港证券交易所创业板	深圳证券交易所中小板	深圳证券交易所创业板	上海证券交易所主板	纳斯达克证券交易所	其他
融资额（百万美元）	13639.36	66.91	5935.82	2244.74	3837.09	28.95	2360.37

数据来源：私募通，西部发展研究院整理，2020年9月。

（4）二级行业分布

① 二级行业上市企业数量分析。从2010—2019年上市企业数量看，食品制造业是上市数量最为密集的二级行业，占比达到43%。居于第二位的是食品加工，占比22%。此外，农业、林业、畜牧业和渔业分别占比11%、3%、8%和1%（见图3-9和表3-10）。

▶ 3 中国农业领域企业上市情况

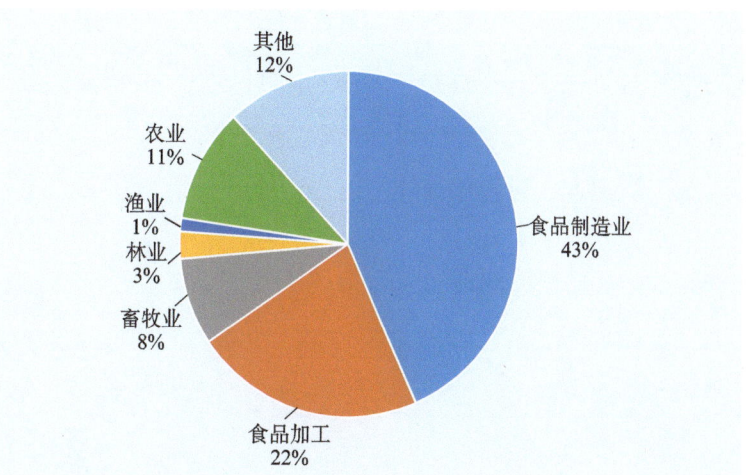

图3-9 2010—2019年中国农业领域IPO上市企业二级行业分布（按IPO数量）

数据来源：私募通，西部发展研究院整理，2020年9月。

表3-10 2010—2019年中国农业领域IPO上市企业二级行业分布（按IPO数量）

二级行业	食品制造业	食品加工	畜牧业	林业	渔业	农业	其他
IPO数量（个）	69	35	13	4	2	17	19

数据来源：私募通，西部发展研究院整理，2020年9月。

② 二级行业融资金额分布。从2010—2019年上市企业融资金额看，食品制造成为上市融资金额最集中的二级行业，融资额149.85亿美元，占比58%。第二是食品加工业，融资额51.25亿美元，占比20%。位居第三的是农业，融资20.75亿美元，占比8%。此外，畜牧业、林业和渔业的融资额相对较少，占比均低于5%，分别为1%、1%（见图3-10和表3-11）。

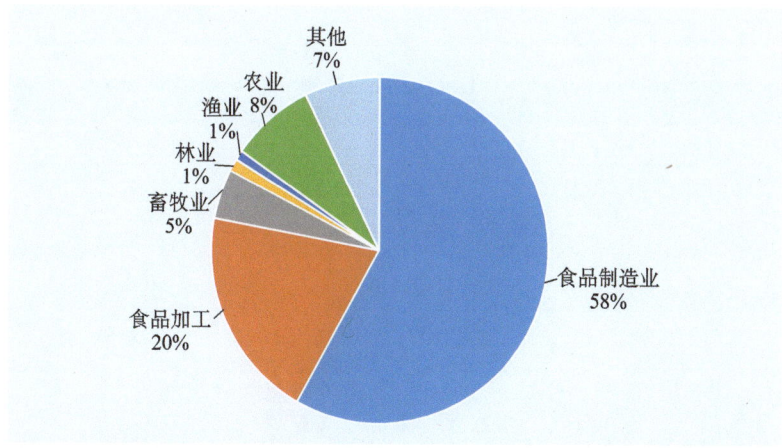

图3-10 2010—2019年中国农业领域二级行业分布（按IPO融资金额）

数据来源：私募通，西部发展研究院整理，2020年9月。

表3-11　2010—2019年中国农业领域二级行业分布(按IPO融资金额)

二级行业	食品制造业	食品加工	畜牧业	林业	渔业	农业	其他
融资额（百万美元）	14985.49	5125.83	1200.22	299.76	239.86	2075.11	1874.93

数据来源：私募通，西部发展研究院整理，2020年9月。

3.3　中国农业领域企业新三板挂牌情况

3.3.1　总体情况

自新三板开市到2020年，中国农业领域共有598家企业成功登陆，分布于全国各个地区，涵盖农业、林业、畜牧业、渔业等多个行业；其中获得VC/PE支持的企业有130家，568家企业未得到VC/PE支持。

2019年，农业领域在新三板挂牌的公司有13家，相比2018年数量呈现较大回落趋势。新三板市场头尾分化明显，发行难度日益加大对新三板市场的发展造成了阻碍。2019年在新三板挂牌的农业企业中有3家获得VC/PE支持，初步表明农业领域企业逐步得到风险投资机构认可。随着更多盈利能力强、成长性好、业绩优于市场平均水平的农业企业在新三板挂牌，新三板有望形成特色农业板块，增强融资能力，使财富增值，从而更好地带动农业企业的发展（见表3-12）。

表3-12　2019年新三板农业企业挂牌情况

企业名称	挂牌时间	行业（清科）	股票代码	股本	VC/PE支持
正荣股份	2019年12月16日	食品加工	873380	8000000	否
中延菌业	2019年12月13日	农业	873390	58000000	否
柴米河	2019年11月27日	农药及肥料	873369	11100000	否
嘉骏森林	2019年9月4日	林业	873360	50000000	否
辽大股份	2019年8月7日	食品加工	873293	90000000	是
苏北股份	2019年7月25日	食品加工	873247	142390000	是
爱福地	2019年5月28日	农药及肥料	873275	12900000	否
花巷股份	2019年5月24日	食品加工	873219	41000000	否

续表

企业名称	挂牌时间	行业（清科）	股票代码	股本	VC/PE 支持
绿能农科	2019年3月22日	农药及肥料	873143	17810000	是
紫光圣果	2019年2月26日	饮料制造业	873215	8000000	否
顺康生物	2019年2月1日	食品加工	873183	32000000	否
五花头	2019年1月18日	农业	873079	31250000	否
华丰种业	2019年1月14日	农业	873129	36000000	否

数据来源：私募通，西部发展研究院整理，2020年9月。

3.3.2 二级行业分布

2019年，我国农业领域新三板挂牌案例13起，主要分布于农业、林业、农药和食品加工。从二级行业分类，食品加工行业新三板上市案例6起，占农业领域新三板挂牌案例总数的46.15%；其次是农药及肥料与农业行业，均发生挂牌案例数3起，均占比23.07%；最后是林业，发生挂牌案例数1起，占比7.69%（见表3-13和图3-11）。

表3-13　2019年农业领域新三板挂牌企业二级行业分布

行业	食品加工	农业	农药及肥料	林业
新三板案例数（起）	6	3	3	1

数据来源：私募通，西部发展研究院整理，2020年9月。

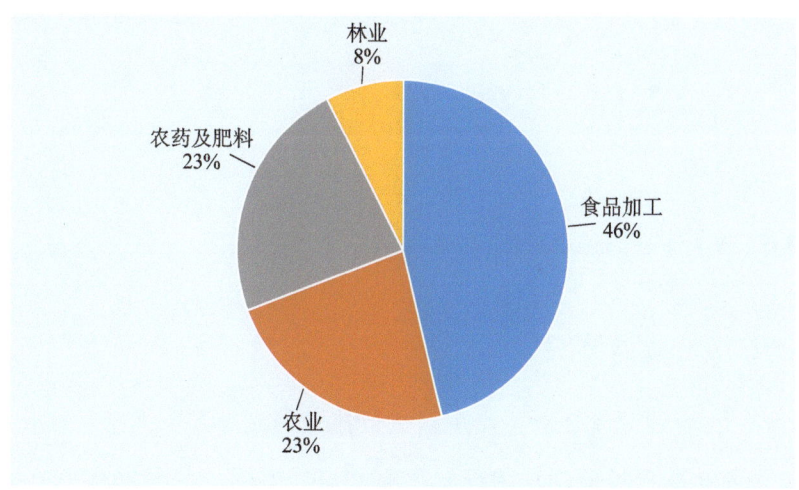

图3-11　2019年农业领域新三板挂牌企业二级行业分布

数据来源：私募通，西部发展研究院整理，2020年9月。

3.3.3 地区分布

2019年农业领域新三板挂牌的13家企业中,10家属于东部地区,占比76.92%;2家属于西部地区,占比15.38%;1家属于中部地区,占比7.69%。东部的农业企业在新三板成功挂牌,有助于解决该地区农业企业的融资困境,提高企业自身抗风险的能力,开辟新的融资渠道,吸引更多的投资商,缓解当地农业企业的压力,同时使农业企业的真正价值得到社会的广泛认可(见表3-14和图3-12)。

表3-14　　　　　　　2019年新三板挂牌企业地区分布情况

地区	西部	中部	东部
新三板挂牌案例数(起)	2	1	10

数据来源:私募通,西部发展研究院整理,2020年9月。

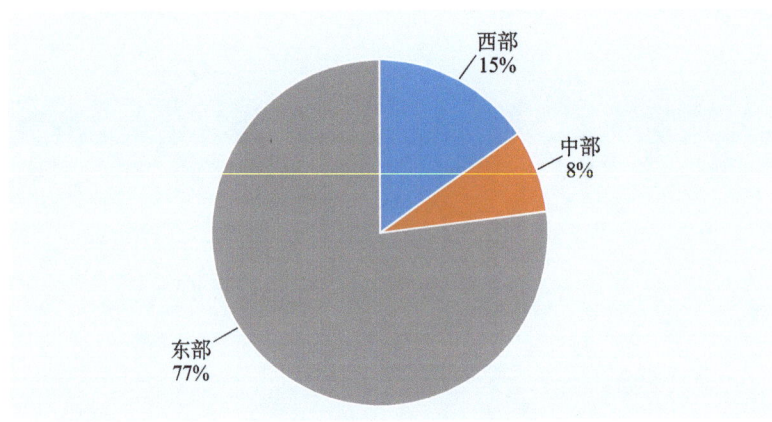

图3-12　2019年新三板挂牌企业地区分布情况

数据来源:私募通,西部发展研究院整理,2020年9月。

3.3.4 VC/PE支持情况

2019年,农业领域有3家企业在新三板挂牌得到VC/PE支持,占比23.07%,其余10家企业在新三板成功挂牌没有得到VC/PE支持,占比76.92%(见表3-15和图3-13)。

表3-15　2019年我国农业领域新三板上市企业VC/PE支持情况

VC/PE 支持情况	新三板挂牌案例数	占比（%）
有 VC/PE 支持	3	23.07
无 VC/PE 支持	10	76.92
合计	13	100.00

数据来源：私募通，西部发展研究院整理，2020年9月。

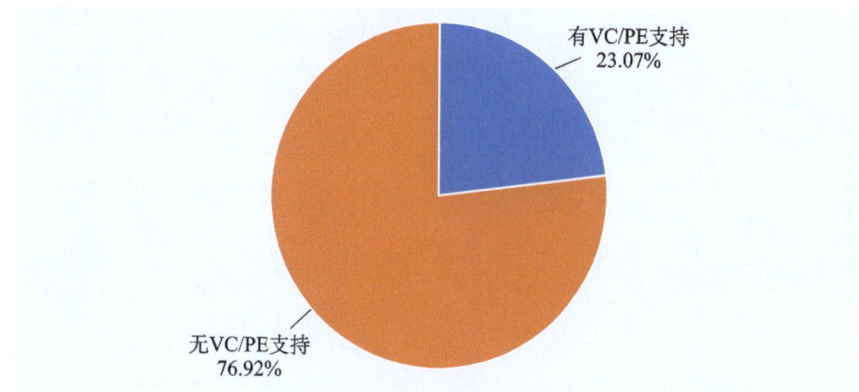

图3-13　2019年我国农业领域新三板上市企业 VC/PE 支持情况

数据来源：私募通，西部发展研究院整理，2020年9月。

3.4　VC/PE 背景的农业企业 IPO 上市情况

3.4.1　VC/PE 背景的农业企业 IPO 上市及融资情况

2019年，农业领域成功实现 IPO 上市的 12 家企业中有 7 家得到了 VC/PE 的支持，占 IPO 上市农业企业的 53.33%，融资金额占比为 21.54%。风险投资机构通过积极参与企业管理，并协助选择承销商及承销时机，对中小企业上市及成长产生了积极影响，因而得到风险支持的企业 IPO 上市表现更佳，如降低了发行成本、容易实现更低的折价率等。得到 VC/PE 支持的 7 家 IPO 上市企业中，有 3 家选择在上海证券交易所主板上市，有 2 家选择在深圳证券交易所创业板上市，在香港证券交易所主板、深圳证券交易所中小板分别有 1 家企业上市。综合比较，在香港证券交易所主板进行 IPO 上市的企业，融资额较大（见表 3-16）。

表 3-16　2020年农业领域VC/PE背景企业IPO上市情况

上市企业	上市地点	投资机构	投资时间	投资金额（百万）	股权	轮次	阶段	投资类型
西麦食品	深圳证券交易所中小板	Asia Consumer	2017年3月22日	USD 8.35	4.95%	其他	成熟期	
		Black River Food Fund 2 LP		USD 33.81	20.05%	其他	成熟期	
有友食品	上海证券交易所主板	德骏资产	2018年9月1日	RMB 14.00	0.07%	Pre-IPO	成熟期	
		广东壹元		RMB 4.00	0.02%	Pre-IPO	成熟期	
		思捷阳光投资		RMB 2.00	0.01%	Pre-IPO	成熟期	
		久奕资本		RMB 2.00	0.01%	Pre-IPO	成熟期	
		厦门天玖投资		RMB 2.00	0.01%	Pre-IPO	成熟期	
		沐盟集团		RMB 2.00	0.01%	Pre-IPO	成熟期	
		新方程		RMB 2.00	0.01%	Pre-IPO	成熟期	
		橙色印象		RMB 4.00	0.02%	Pre-IPO	成熟期	
		陕西安泽		RMB 2.00	0.01%	Pre-IPO	成熟期	
天味食品	上海证券交易所主板	达晨财智投资	2010年11月29日	RMB 5.40	0.49%	A	扩张期	
		达晨创投		RMB 48.60	4.41%	A	扩张期	
		晨晖资本	2017年9月22日	RMB 13.69	0.44%	其他	成熟期	

续表

上市企业	上市地点	投资机构	投资时间	投资金额（百万）	股权	轮次	阶段	投资类型
立华股份	深圳证券交易所创业板	九洲集团创投	2011年6月24日	RMB 89.78	4.39%	A	成熟期	
		艾伯艾桂	2011年6月24日	RMB 200.02	8.90%	A	成熟期	
		中泰资本	2015年9月9日	RMB 150.00	2.90%	B	成熟期	
		招银国际资本	2015年9月9日	RMB 30.00	0.58%	B	成熟期	
		保利投资	2017年2月14日	RMB 149.99	15.62%	其他	成熟期	
		东方融富创投	2015年5月14日	RMB 15.00	6.00%	A	成熟期	
		上海焦点	2016年4月1日	RMB 15.50	4.33%	C	成熟期	
贝斯美	深圳证券交易所创业板	君安控股		RMB 60.00	3.62%	新三板定增	成熟期	
		联浦东方股权投资		RMB 38.02	2.29%	新三板定增	成熟期	
		宁波众心元投资	2017年5月5日	RMB 40.00	2.41%	新三板定增	成熟期	
		以琳创业		RMB 20.00	1.21%	新三板定增	成熟期	
		联浦东方股权投资		RMB 4.00	0.24%	新三板定增	成熟期	
中国飞鹤	香港证券交易所主板	North Haven Private Equity Asia IMF Holding	2013年10月31日	数百万美元	—	A+	初创期	

续表

上市企业	上市地点	投资机构	投资时间	投资金额（百万）	股权	轮次	阶段	投资类型
中国飞鹤	香港证券交易所主板	North Haven Private Equity Asia IMF Holding	2013年6月24日	数千万美元	—	A	种子期	
		国鑫投资	2018年1月23日	USD 38.64	—	其他	扩张期	
		Right Time Global Investment	2019年3月11日	USD 32.50	—	其他	扩张期	成长资本
		Vista Associates Corporation	2019年3月11日	USD 6.90	—	其他	扩张期	成长资本
		Wang Jian Guo Holdings	2019年5月17日	—	—	其他	扩张期	
		中视金桥国际广告（香港）有限公司	2019年5月31日	USD 5.36	—	其他	扩张期	
		Hocrane Investment	2019年5月16日	USD 30.00	—	其他	扩张期	
		Nymph Investments Cayman	2019年5月21日	USD 100.00	—	其他	扩张期	成长资本
日辰股份	上海证券交易所主板	福建融诚德润股权投资	2015年12月28日	RMB 15.00	—	其他	成熟期	
		万宝有限	2008年6月25日	USD 2.96	—	其他	扩张期	

数据来源：私募通，西部发展研究院整理，2020年9月。

2010—2019年，农业领域共159家企业完成IPO上市。其中，有87家企业在上市前得到VC/PE资金支持，占比IPO上市企业总数54.72%。风险投资有助于加强企业的创新能力，并推动企业的成长和技术创新，对企业产生良好影响（见表3-17）。

表3-17　2010—2019年VC/PE对中国农业企业IPO支持情况（按企业数量）

VC/PE支持情况	企业数量（个）	占比（%）
有VC/PE支持	87	54.72
无VC/PE支持	72	45.28
合计	159	100.00

数据来源：私募通，西部发展研究院整理，2020年9月。

从融资金额来看，2010—2019年获得VC/PE支持上市的农业企业的融资金额占全部融资金额的60.35%，可以看出，VC/PE的支持有助于企业在上市时实现较大的融资需求（见表3-18）。

表3-18　2010—2019年VC/PE支持中国农业企业IPO融资情况

VC/PE支持情况	筹资额（百万美元）	占比（%）
有VC/PE支持	15570.42	60.35
无VC/PE支持	10230.78	39.65
合计	25801.20	100.00

数据来源：私募通，西部发展研究院整理，2020年9月。

3.4.2　投资回报情况

根据投中CVSource统计数据，2019年农业领域共涉及7笔IPO退出案例。根据已披露数据测算行业平均账面回报率为5.88倍，最高账面回报率为73.26，最低为0.78，实现账面回报率金额24.26亿美元。与2018年相比，行业账面平均回报率与账面回报金额均有大幅度上升（见图3-14和表3-19、表3-20）。

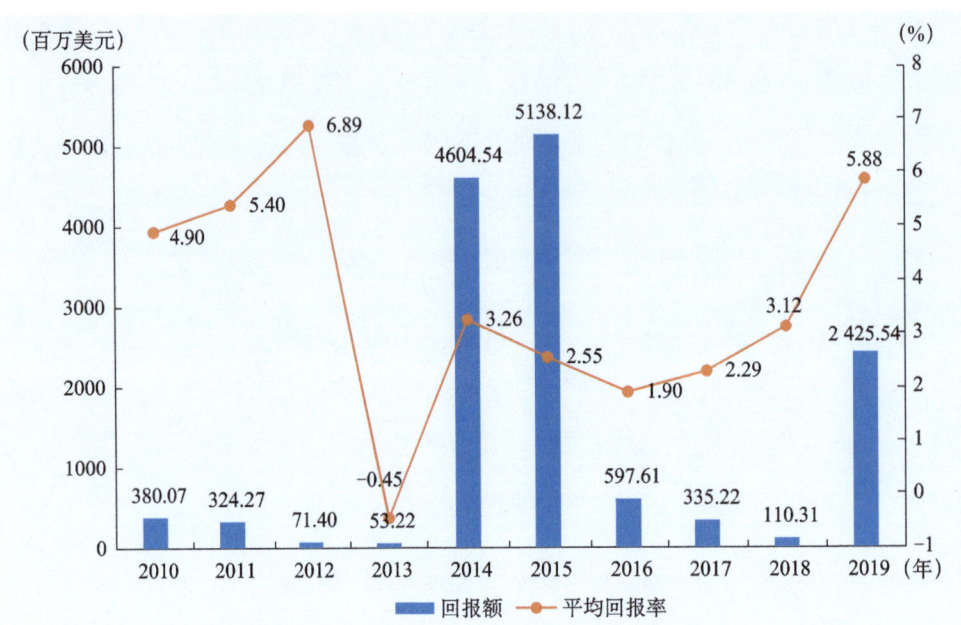

图 3-14　2010—2019 年中国农业领域 VC/PE 机构 IPO 退出回报趋势

数据来源：私募通，西部发展研究院整理，2020 年 9 月。

表 3-19　　　　　2019 年 VC/PE 投资农业企业 IPO 退市案例汇集

时间	案例简述
2019 年 2 月 18 日	江苏立华牧业股份有限公司上市，深圳市招银展翼投资管理合伙企业（有限合伙）、深圳市沧石投资合伙企业（有限合伙）、艾伯艾桂有限公司、江苏九洲投资集团创业投资有限公司获得退出，账面退出回报率分别为 2.05 倍、2.05 倍、4.57 倍、4.58 倍
2019 年 4 月 16 日	四川天味食品集团股份有限公司上市，深圳市达晨财智创业投资管理有限公司、天津达晨盛世股权投资基金合伙企业（有限合伙）、天津达晨创世股权投资基金合伙企业（有限合伙）、江苏中韩晨晖朗姿股权投资基金（有限合伙）获得退出，账面退出回报率分别为 4.49 倍、4.49 倍、4.49 倍、1.60 倍
2019 年 5 月 8 日	有友食品股份有限公司上市，广东壹佰股权投资合伙企业（有限合伙）、深圳市壹伍叁陆投资合伙企业（有限合伙）、天循久奕新三板成长基金、厦门天玖股权投资基金管理有限公司、简道众创投资股份有限公司获得退出，账面退出回报率均未披露
2019 年 6 月 19 日	桂林西麦食品股份有限公司上市，Cassia Nutrition Limited、Black River Food 2 Pte. Ltd. 获得退出，账面退出回报率分别为 1.82 倍、1.82 倍
2019 年 8 月 28 日	青岛日辰食品股份有限公司上市，福建融诚吾阳股权投资管理企业（有限合伙）、福建德润壹号股权投资企业（有限合伙）获得退出，账面退出回报率分别为 6.19 倍、6.19 倍

续表

时间	案例简述
2019年11月13日	中国飞鹤有限公司上市，North Haven Private Equity Asia IMF Holding Limited、国鑫投资有限公司、Right Time Global Investment SPC、Wang Jian Guo Holdings Limited、Hocrane Investment Ltd.、Nymph Investments Cayman Limited获得退出，账面退出回报率分别为73.26倍、2.98倍、1.69倍、2.50倍、1.63倍、1.62倍
2019年11月15日	绍兴贝斯美化工股份有限公司上市，宁波梅山保税港区勤美投资合伙企业（有限合伙）、宁波梅山保税港区优盟创业投资合伙企业（有限合伙）、深圳九源长青股权投资基金企业（有限合伙）、新余联润二期投资合伙企业（有限合伙）获得退出，账面退出回报率分别为0.78倍、0.78倍、0.78倍

数据来源：私募通，西部发展研究院整理，2020年9月。

表3-20　2019年VC/PE支持农业IPO上市的账面回报情况

上市企业	投资机构	上市前持股比例（%）	上市后持股比例（%）	账面回报（倍数）	账面IRR（%）
贝斯美	保利投资	13.58	10.18	1.17	5.94
	东方融富创投	4.29	3.22	3.37	33.70
	联润东方股权投资	2.29	1.72	0.78	-9.29
	以琳创业	1.21	0.91	0.78	-9.29
	联润东方股权投资	0.24	0.18	0.78	-9.29
中国飞鹤	North Haven Private Equity Asia IMF Holding	20.66	18.59	73.26	95.77
	国鑫投资	1.36	1.23	2.88	82.97
	Right Time Global Investment	0.68	0.62	1.69	116.96
	Wang Jian Guo Holdings	0.73	0.66	2.52	540.27
	Hocrane Investment	0.62	0.56	1.63	166.74
	Nymph Investments Cayman	2.07	1.86	1.62	171.79
日辰股份	福建融诚德润股权投资（融诚吾阳）	4.00	3.00	6.19	64.35
	福建融诚德润股权投资（德润壹号）	4.00	3.00	6.19	64.35

续表

上市企业	投资机构	上市前持股比例（%）	上市后持股比例（%）	账面回报（倍数）	账面IRR（%）
有友食品	广东壹元	N/A	N/A	N/A	N/A
	思捷阳光投资	N/A	N/A	N/A	N/A
	久奕资本	N/A	N/A	N/A	N/A
	厦门天玖投资	N/A	N/A	N/A	N/A
	简道众创	N/A	N/A	N/A	N/A
西麦食品	Asia Consumer	4.75	3.56	1.82	30.50
	Black River Food Fund 2 LP	19.25	14.44	1.82	30.52
天味食品	达晨财智投资	0.48	0.44	4.49	19.61
	达晨创投（达晨盛世）	2.03	1.82	4.49	19.61
	达晨创投（达晨创世）	2.33	2.10	4.49	19.61
	晨晖资本	0.44	0.40	1.60	35.19
立华股份	九洲集团创投	3.86	3.47	4.58	21.96
	艾伯艾桂	8.59	7.71	4.57	21.94
	中泰资本	2.90	2.60	2.05	23.21
	招银国际资本	0.58	0.52	2.05	23.21

数据来源：私募通，西部发展研究院整理，2020年9月。

3.5 农业领域企业上市整体表现

2019年，农业领域企业上市情况可以概括为以下三个方面：

（1）全年共有25家企业涉足农业领域上市

其中，IPO上市12家，上市企业数量虽有下降，但融资金额达到66.02亿美元；新三板挂牌上市13家，数量出现了较大的市场回落。

（2）易于实现商业价值的食品制造与加工行业依然是资本市场青睐的重点

2019年，食品制造与加工企业在农业领域上市企业、农业IPO上市企业及新三板上市企业中占比分别为64%、84%和46.16%。农林牧渔等传统农业产业技术改造和创新难度大、投资回报周期长、自然风险大，需要在产业发展过程中高度融合科技和业态创新，突破内在局限。

（3）东部地区农业领域上市企业借力资本市场提升发展的效果彰显

2019年农业领域新三板挂牌的13家企业中，10家属于东部地区，占比76.92%。新三板的成功挂牌有力解决了东部地区农业企业的融资困境问题并缓解了当地农业企业的压力，使农业企业的真正价值得到社会的广泛认可。

4

中国农业产业并购情况

4.1 中国产业股权并购总体情况

4.1.1 交易趋势及规模

2019年，我国经济持续平稳增长，产业结构转型升级加快，产业并购交易增长平稳，全年完成并购案例数2216起，实现交易金额1525.55亿美元。与2018年相比，2019年我国并购案例数量下降28.77%，实现交易金额下降47.98%（见图4-1）。

图4-1 2008—2019年中国企业并购案例数量及金额

数据来源：私募通，西部发展研究院整理，2020年9月。

4.1.2 国内并购 VS 跨国并购

（1）并购案例数

近三十几年，我国经济总量快速增长，企业的经营能力与实力得到了显著提升。企业通过并购整合市场上的优质资源已经成为企业经营战略的"新常态"。整体来看，国内并购与跨国并购案例均呈现增长趋势。但相对而言，国内并购案例增长速度要远高于跨国并购，特别是近10年，国内并购案例数整体呈现增长态势，但2018年和2019年并购案例数连续下降，2008—2017年，国内并购案例数从109起增长到3356起，2018年下降到2846起，2019年下降到2084起。跨国并购案例数从33起增长到265起，2019年下降到132起（见图4-2）。

图4-2 2008—2019年国内并购和跨国并购案例数

数据来源：私募通，西部发展研究院整理，2020年9月。

（2）并购金额

2008—2018年，我国并购交易金额呈现整体上涨趋势，但是2019年较2018年有下降态势，国内并购和跨国并购金额均有所下降。2008—2016年，国内并购金额从236.42亿美元增长到1939.15亿美元，2017—2019年，回落至1280.82亿美元，较2018年同期减少19.61%，呈减弱态势；跨国并购金额下降幅度较大，2019年较2018年同期下降79.82%（见图4-3）。

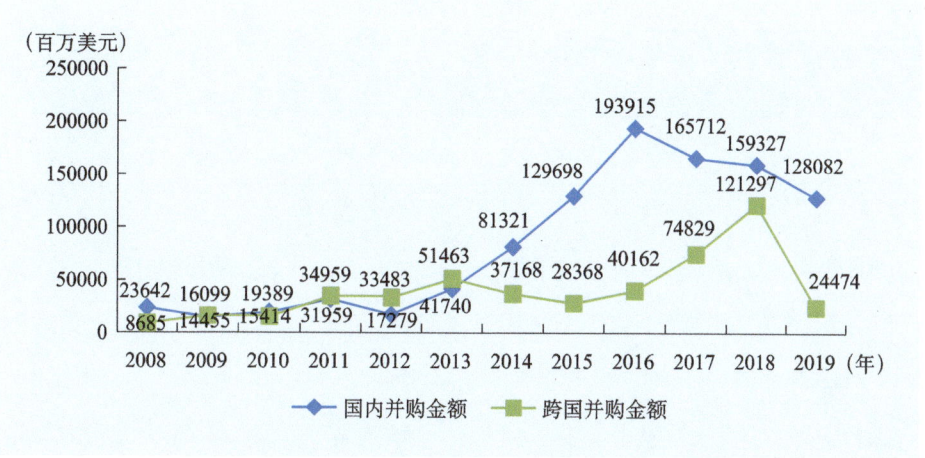

图 4-3 2008—2019 年国内并购和跨国并购金额情况

数据来源：私募通，西部发展研究院整理，2020 年 9 月。

4.1.3 行业分布

从并购交易数量来看，2019 年我国企业共完成并购交易 2216 起（除去关联交易和未完成交易）。其中，IT、生物技术/医疗健康和机械制造完成并购案例数位列前 3，分别为 201 起、197 起和 196 起，占比分别为 9.07%、8.89% 和 8.84%（见表 4-1）。

从已披露的并购金额来看，2019 年我国全年实现并购金额为 1525.55 亿美元。其中能源及矿产、金融、半导体及电子设备的并购交易金额大幅领先其他行业。能源及矿产并购金额为 188.75 亿美元，占比 12.37%；金融业的并购金额为 148.88 亿美元，占比 9.76%；半导体及电子设备的并购金额为 140.10 亿美元，占比 9.18%（见表 4-1）。

从已披露的信息来看，2019 年我国农业领域已完成并购案例 125 起（4.2 里的只包括"化工原料及加工"大项下的小项"农药"，所以案例数只有 16 起），已披露金额案例数 103 起，并购金额 98.98 亿美元。农业领域的并购案例主要分布于化工原料及加工、农林牧渔和食品饮料。其中化工原料及加工行业已完成的并购案 174 起，已公开披露交易金额达到 98.82 亿美元；农林牧渔行业已完成并购案例 55 起，已公开披露交易金额达到 19.98 亿美元；食品饮料行业已完成的并购案例 54 起，已公开披露交易金额达到 69.75 亿美元（见表 4-1）。

表4-1　　2019年中国产业并购案例行业分布

行业	案例数（总）	比例（%）	并购金额（百万美元）	与总金额比（100%）	平均金额（百万美元）
IT	201	9.07	7958.61	5.22	56.05
生物技术/医疗健康	197	8.89	6455.45	4.23	38.2
机械制造	196	8.84	7327.61	4.80	44.68
半导体及电子设备	191	8.62	14010.27	9.18	82.90
化工原料及加工	174	7.85	9882.41	6.48	68.63
能源及矿产	159	7.18	18874.93	12.37	147.46
金融	136	6.14	14887.71	9.76	131.75
清洁技术	132	5.96	10273.63	6.73	98.78
建筑/工程	132	5.96	5145.46	3.37	49.48
其他	111	5.01	5706.17	3.74	64.84
房地产	96	4.33	8069.36	5.29	106.18
连锁及零售	82	3.70	8214.29	5.38	134.66
互联网	76	3.43	12181.14	7.98	234.25
汽车	71	3.20	2693.69	1.77	48.10
农林牧渔	55	2.48	1998.04	1.31	40.78
食品饮料	54	2.44	6974.90	4.57	166.07
娱乐传媒	50	2.26	2754.17	1.81	86.07
物流	40	1.81	2713.11	1.78	104.35
电信及增值业务	31	1.40	935.79	0.61	58.49
教育与培训	14	0.63	3168.81	2.08	288.07
纺织及服装	13	0.59	554.90	0.36	50.45
广播电视及数字电视	4	0.18	1771.40	1.16	590.47
其他制造业	1	0.05	3.63	0.00	3.63
合计	2216	100.00	152555.49	100.00	68.84

数据来源：私募通，西部发展研究院整理，2020年9月。

注：本表数据不包括关联方交易和未完成交易案例。

4.2 中国农业产业股权并购情况

4.2.1 总体情况

2019年,农业领域并购市场呈现下降趋势,农业领域共完成并购案例125起,从数量上看,比2018年的154起下降18.8%。但从并购交易金额来看,2019年达到98.97亿美元,相比2018年的并购交易金额75.32亿美元上涨了31.40%。

4.2.2 二级行业分布

(1)并购案例数

2019年,我国农业领域完成并购交易的125起案例,主要分布于农林牧渔、农产品及食品加工和农资行业。其中,农产品及食品加工行业发生并购案例54起,占比为43.20%;其次是农业(种植业),发生并购案例40起,占比为32.00%;最后是农资和畜牧业,分别完成并购案例16起和11起,占农业领域并购案例总数的12.80%和8.80%(见图4-4和表4-2)。

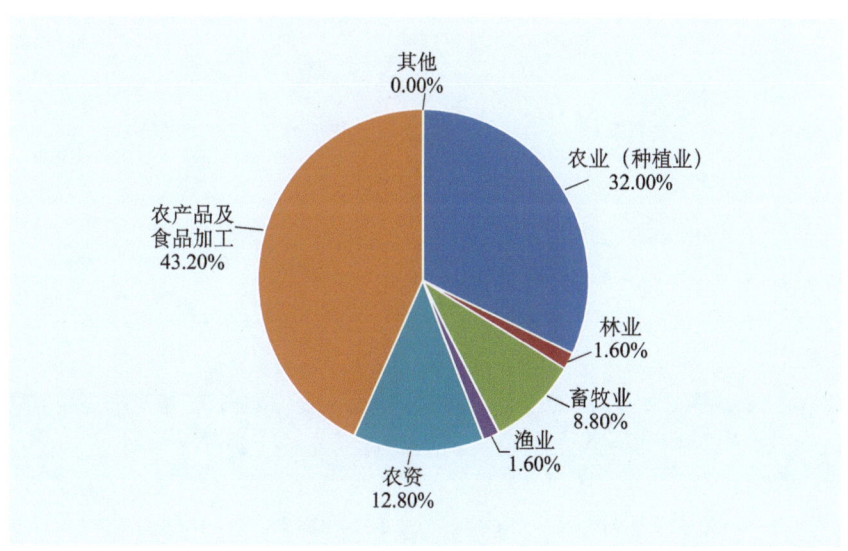

图4-4 2019年中国农业产业并购案例数二级行业分布

数据来源:私募通,西部发展研究院整理,2020年9月。

表 4-2　　　　　2019 年中国农业产业并购案例二级行业分布

行业	农业（种植业）	林业	畜牧业	渔业	农资	农产品及食品加工	其他	总计
并购案例数（起）	40	2	11	2	16	54	0	125

数据来源：私募通，西部发展研究院整理，2020 年 9 月。

（2）并购金额

2019 年，我国农业领域已经披露并购案例的交易总额为 98.97 亿美元。按披露并购金额排序，二级行业顺次为农产品及食品加工行业、农业（种植业）、农资行业、林业、畜牧业、渔业和其他。农产品及食品加工并购案例数最多，占比为 43.20%，交易金额占比却达到 70.47%；农业（种植业）并购案例数占比为 32.00%，但交易金额占比却仅为 15.57%（见图 4-5 和表 4-3）。

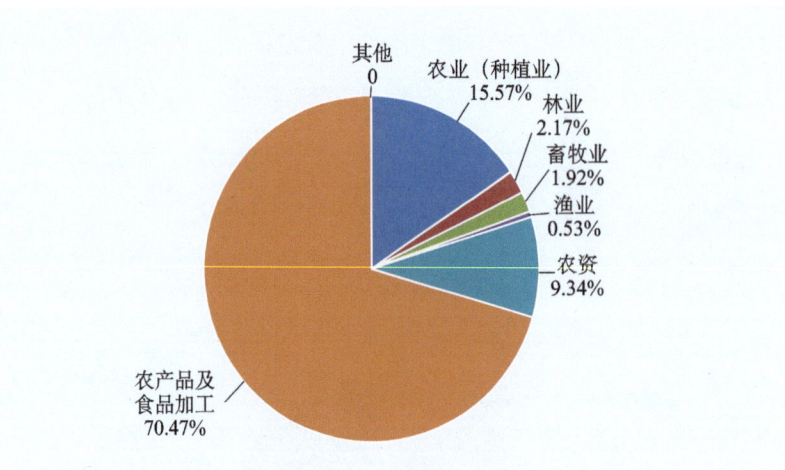

图 4-5　2019 年农业领域并购交易金额二级市场分布

数据来源：私募通，西部发展研究院整理，2020 年 9 月。

表 4-3　　　　　2019 年农业领域并购交易金额二级市场分布

行业	农业（种植业）	林业	畜牧业	渔业	农资	农产品及食品加工	其他	总计
并购金额（百万美元）	1540.90	215.07	189.94	52.14	924.71	6974.90	0	9897.66

数据来源：私募通，西部发展研究院整理，2020 年 9 月。

4.2.3 国内并购 VS 跨国并购

（1）并购案例数

2019 年，中国农业领域并购主要以国内并购为主。国内并购案例共有 119 起，占比为 95.20%；跨国并购案例仅有 5 起，占比 4%（见表 4-4 和图 4-6）。

表 4-4　　　　2019 年农业领域国内并与跨国并购（按并购案例数）

	国内并购	跨国并购	其他
并购案例数（起）	119	5	1

数据来源：私募通，西部发展研究院整理，2020 年 9 月。

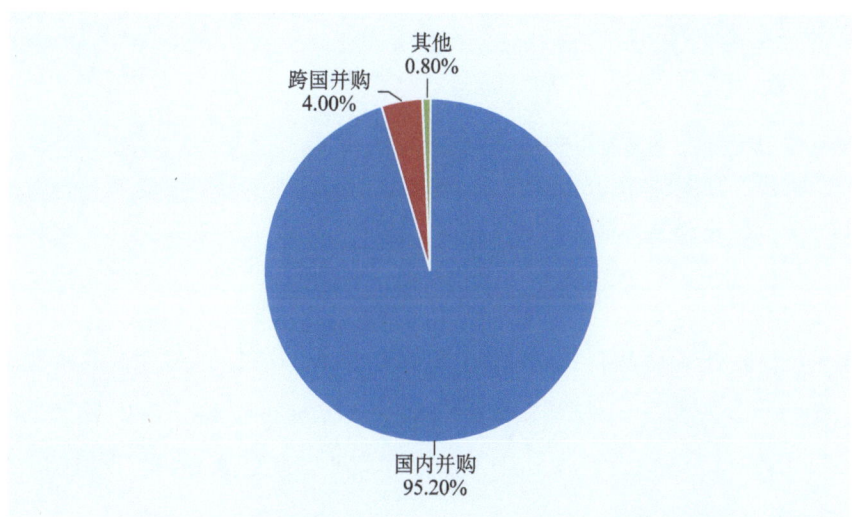

图 4-6　2019 年农业领域国内并与跨国并购（按并购案例数）

数据来源：私募通，西部发展研究院整理，2020 年 9 月。

（2）交易金额

从并购交易金额来看，已披露交易金额的国内并购案例数为 97 起，交易金额为 94.46 亿美元，占比为 95.44%；已披露交易金额的跨国并购案例数为 5 起，交易金额为 4.43 亿美元，占比达到了 4.48%，但与 2018 年相比，跨国并购交易金额大幅减少（见图 4-7 和表 4-5）。

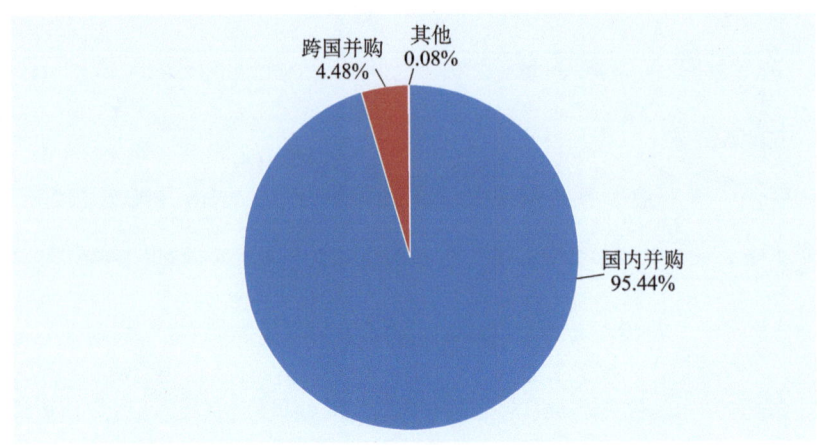

图 4-7　2019 年农业领域国内并购与跨国并购（按并购金额）

数据来源：私募通，西部发展研究院整理，2020 年 9 月。

表 4-5　　　　　　　2019 年农业领域国内并购与跨国并购金额

	国内并购	跨国并购	其他	合计
并购交易金额（百万美元）	9446.06	443.59	8.01	9897.66

数据来源：私募通，西部发展研究院整理，2020 年 9 月。

4.2.4　VC/PE 支持情况

（1）并购案例数

2019 年，农业领域共有 34 起并购案例得到了 VC/PE 的支持，占所有并购案例总数的 27.20%；其余 91 起并购案例未得到 VC/PE 的支持，占比为 72.80%。与 2018 年 51.30% 的 VC/PE 支持率相比，2019 年农业领域获得 VC/PE 支持的力度有所下降（见图 4-8 和表 4-6）。

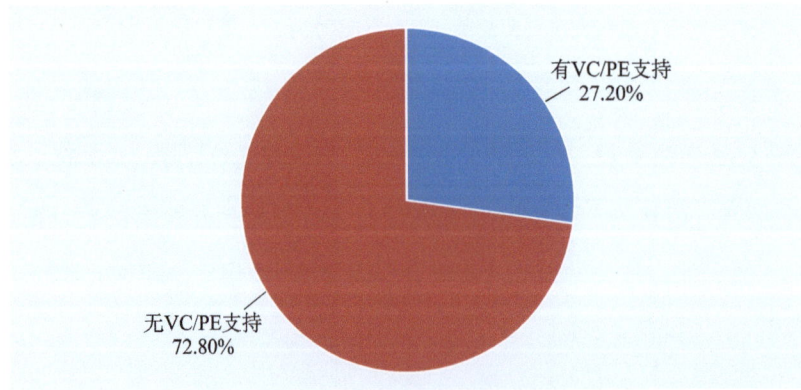

图 4-8　2019 年 VC/PE 对农业领域并购的支持状况（按并购案例数）

数据来源：私募通，西部发展研究院整理，2020 年 9 月。

表4-6　　　　2019年VC/PE对农业领域并购的支持状况

	有VC/PE支持	无VC/PE支持
并购案例数（起）	34	91

数据来源：私募通，西部发展研究院整理，2020年9月。

（2）交易金额

从披露的交易金额来看，得到VC/PE支持的34起并购案例实现的交易金额为14.74亿美元，占已披露交易金额总数的14.89%，但2018年得到VC/PE支持的79起并购案例实现交易金额20.15亿美元，2019年相比较2018年有所下降；其余91起并购案例实现的交易金额为84.24亿美元，占比为85.11%（见图4-9和表4-7）。

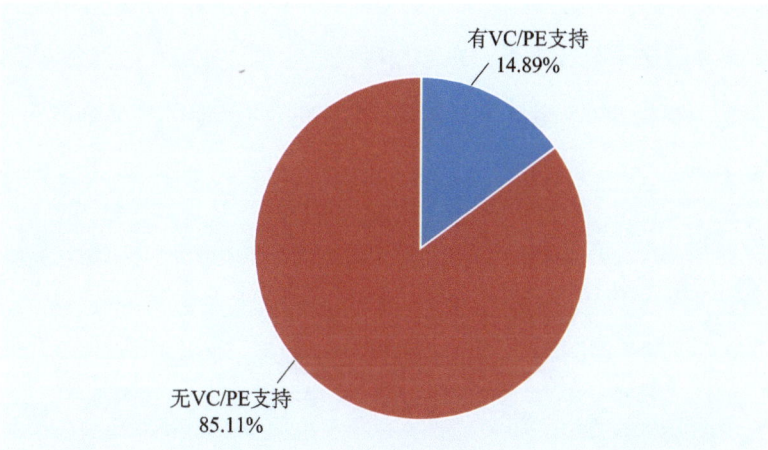

图4-9　2019年VC/PE对农业领域并购的支持状况（按并购金额）

数据来源：私募通，西部发展研究院整理，2020年9月。

表4-7　　　　2019年VC/PE对农业领域并购的支持状况(按并购金额)

	有VC/PE支持	无VC/PE支持
并购交易金额（百万美元）	1473.91	8423.75

数据来源：私募通，西部发展研究院整理，2020年9月。

4.2.5 地区分布

（1）并购案例数

按被并购方地区口径划分，2019年119起国内并购案例中，东部地区有60起，中部地区有25起，西部地区34起。东部、中部地区国内并购案例数与2018

年的64起、29起比较略有减少；西部地区相比2018年的47起，减少了13起（见表4-8）。

表4-8　　　2019年农业领域并购案例地区分布(按被并购方)

	案例数（起）	占比（%）
东部	60	53.72
中部	25	20.67
西部	34	25.61
合计	119	100

数据来源：私募通，西部发展研究院整理，2020年9月。

（2）交易金额

从已实现并购交易金额来看，东部地区交易金额为13.86亿美元，占比8.28%；中部地区交易金额为65.35亿美元，占比39.06%；西部地区交易金额为88.09亿美元，占比52.66%。中部地区和西部地区并购交易金额与2018年并购交易额相比都有大幅增加，其中中部地区2018年交易金额为5.13亿美元，西部地区为20.12亿美元；但东部地区相比2018年24.94亿美元却有所减少（见表4-9）。

表4-9　　　2019年农业领域并购交易金额的地区分布

	并购金额（百万美元）	占比（%）
东部	1386.03	8.28
中部	6535.71	39.06
西部	8809.42	52.66
合计	16731.16	100.00

数据来源：私募通，西部发展研究院整理，2020年9月。

4.3　中国产业资产并购情况

2019年，我国全年完成资产并购案例数494起，其中已披露金额的并购案例数为464起，实现交易金额379.83亿美元。我国农业领域并购市场共完成并购案例4

起，已披露金额的并购案例数为 4 起，并购交易金额为 453 万美元，出售方上市企业并购案例数为 2 起，但 4 起均未获得 VC/PE 机构支持。其中，从数量上来看，食品制造行业所在比重最大，达到 50%；从资产并购金额来看，食品制造行业所占比重也是最大，达到 80.8%（见表 4–10）。

表 4–10　　2019 年农业领域资产并购交易情况

收购方	出售方	行业（收购方）	地区（收购方）	结束时间	交易金额（百万美元）	是否上市（出售方）	是否获VC/PE支持
景谷春林	景谷林业	林业	云南	2019 年 12 月 21 日	0.86	是	否
灌车湖生态，西米装饰材料经营维修部	金健面制	农业	湖南	2019 年 12 月 10 日	0.01	否	否
牟定食品	羊泉生物	食品制造业	云南	2019 年 6 月 28 日	0.19	是	否
湘潭利口福	湘潭市公共资源交易中心	食品制造业	湖南	2019 年 4 月 16 日	3.47	—	否

数据来源：私募通，西部发展研究院整理，2020 年 9 月。

4.4　农业领域并购整体表现与市场展望

4.4.1　整体表现

2019 年，农业产业并购市场表现活跃。全年完成股权并购案例 125 起，并购金额 98.87 亿美元，与 2018 年相比，股权并购案例数下降 18.8%，但股权并购金额上涨 31.40%；全年完成资产并购案例 4 起。

从二级行业分布来看，在并购案例数方面，股权并购主要集中在农产品及食品加工行业，占比 43.20%；资产并购主要集中在食品制造业，2019 年我国农业领域并购市场完成并购案例 4 起，其中食品制造行业 2 例，占比为 50%。在股权并购金额方面，农产品及食品加工行业占比为 70.47%；资产并购金额方面，食品制造行业占比为 80.8%。

从机构支持方面来看，VC/PE 等投资机构对农业股权并购的支持比率有所下降，从 2018 年的 51.30% 下降到 2019 年的 27.20%，并购交易金额也有所下降。

从地区分布来看，东部地区农业产业股权并购案例数最多，占比为 53.72%；西部地区股权并购金额最高，占比为 52.66%。

4.4.2 市场展望

农业纵深发展推动农业领域涌现新型并购热点。随着乡村振兴战略深入推进和现代化经济体系的构建，农业领域各项建设将稳步推进。这为农业产业与企业创造了更大的发展空间，并购市场预计将涌现新型并购热点，推动整个农业领域向前发展。

产业发展驱动力多元化同步增加农业并购的机遇和挑战。在现代产业体系和大数据产业的带动下，农业领域将步入一个新的阶段，市场主要驱动力不仅是来自于需求侧方面，还包括供给侧各个链条环节的升级、市场开放程度和国际关系带来的国际机会和威胁，由此使得农业领域产业发展趋向于多元化和丰富化，这为农业产业并购带来新的机遇，也带来新的挑战。

⑤ 投资热点分析

2019年是实施"十三五"规划的冲刺之年，也是决胜全面建成小康社会第一个百年奋斗目标的关键之年，做好"三农"工作，进一步巩固发展农业农村好形势，具有特殊重要性。"互联网＋现代农业"的不断发展，为我国农业高质量、绿色发展注入了新动能，在政策支持下也吸引了大批投资者。2019年农业领域的资本投资除了集中在种植业、畜牧业及农用物资（农药及肥料）等传统行业外，农村电商、物联网、大数据工程、农业信息化服务等新型行业也越发受到投资者的青睐，生态循环农业、智慧农业等新型农业生产经营形态的迅速发展开辟了农业投资新空间，成为本年度新的投资热点。

5.1　投资领域分析

5.1.1　农业（种植业）

种植业作为整个农业的基础，在保障国家粮食安全、确保国民经济持续健康发展及维持社会大局稳定方面具有重大意义。十几年来，在国家保障农业发展政策的大力支持下，我国种植业生产稳中有进。新形势下我国农业步入高质量发展阶段，深化农业供给侧结构性改革，稳定优化粮食生产，保障重要农产品供给，调整优化种植结构，促进种植业转型升级，加快推动绿色发展，全面推进种植业高质量发展成为迫切需要。

为持续推动质量兴农和绿色发展，全面推进种植业高质量发展，农业农村部制定了《2019年种植业工作要点》，指出要着力守住国家粮食安全这"一条底线"，将稻谷、小麦作为必保品种，稳定玉米生产，确保谷物基本自给、口粮绝对安全。要突出质量兴农和绿色发展这"两个重点"，落实高质量发展要求，优化种植结构，实施大豆振兴计划，合理调整粮经饲结构；调整农业投入结构，持续推进化肥农药减量增效，发展节水农业，促进生产生态系统循环衔接。要坚持创新驱动、产业升级和基础建设这"三个注重"，加快突破种植业关键核心技术；积极发展特色产业，推进品牌创建，促进一二三产业融合发展；严格设施农用地管理，加强农药管理体系建设。

随着绿色优质农产品种植规模扩大，我国农业生产品质得到提升，粮经饲种植结构得到优化。在产量方面，我国始终坚持国家粮食安全战略，保证了90%以上的粮食自给率。除稻谷产量有所减少外，小麦、玉米等主要粮食作物产量均有所增加。在结构方面，我国粮食生产结构呈现优化趋势，三大主粮（稻谷、小麦、玉米）播种面积基本稳定，低质低效水稻、小麦种植面积适当调减。此外，我国经济作物生产在总体上保持稳定。其中棉花生产在农业供给侧结构性改革中平稳发展。随着种植业结构调整及农业科技投入力度的不断加大，我国农业产业更加追求高质量发展和绿色发展。2019年中国新认证绿色食品13487个，有机产品2499个，登记农产品地理标志255个。根据《中国农业绿色发展报告2019》显示，2018年，我国农业绿色发展指数为76.12，比2012年提高了3.63%，这表明我国农业绿色发展总体水平显著提高。

目前，我国种植业正处于调整优化的关键时期，其较大的发展空间吸引社会资本的不断流入。政策方面的利好消息更是给我国种植业带来了新的发展机遇。参照私募通投资事件数据库，2019年，我国农业产业共有11家种植企业获得投资，涉及投资金额超过2.08亿美元。本报告精选农业（种植业）获得投资规模排名靠前的宁聚生态农业、凯凯农科和鲜美种苗进行案例说明。

案例一：

2019年3月，南京昌麟股权投资基金中心（有限合伙）投资南京宁聚生态农业科技发展有限公司100万元（见表5-1）。

表5-1 宁聚生态农业获得投资的情况

投资时间	投资方	被投公司	主营行业	投资金额	持股比例	投资轮次	投资阶段
2019年3月	昌麟投资基金	宁聚生态农业	农业（种植业）	100万元	—	天使轮	种子期

数据来源：私募通，西部发展研究院整理，2020年9月。

南京宁聚生态农业科技发展有限公司成立于 2018 年 7 月,是一家冰草种植和研发商。冰草以其独特的口感、丰富的营养价值吸引了不少人,现在已经成为餐桌上的新贵。南京宁聚专业从事冰草研发和种植,率先制定了一套行之有效的冰草种植和研发标准、规范,帮助提高冰草产出和品质。

目前,南京宁聚生态农业科技发展有限公司已经在冰草的高产栽培技术研究方面取得了大的突破,改良了很多冰草传统种植技术的问题,达到了广域种植和全面种植。南京宁聚在江宁谷里拥有小叶冰草种植基地 83 亩,年产量达 600 吨;威海种植基地 50 亩,年产量达 480 吨。公司在成立不到一年的时间里便已建成了华东地区最大的冰草种植基地,公司研发种植的产品也已经成为江浙沪地区酒店冰草的重要来源。同时通过配套的设施条件,南京宁聚的冰草已经实现在江苏区域周年生产、长年供应。此外,公司还在积极推进一个超过 200 亩的冰草产业园项目,希望能成为行业领军企业,带动更多的农户就业,为乡村振兴出力。

案例二:

2019 年 7 月,中央企业贫困地区产业投资基金股份有限公司和由甘肃中联资本管理有限责任公司负责管理的中联创新创业私募投资基金向甘肃凯凯农业科技发展股份有限公司联合投资 4718 万元,占股 18.36%(见表 5-2)。

表 5-2 凯凯农科获得投资的情况

投资时间	投资方	被投公司	主营行业	投资金额	持股比例	投资轮次	投资阶段
2019 年 7 月	央企贫困地区基金	凯凯农科	农业(种植业)	4200 万元	16.34%	新三板定增	扩张期
	中联创新创业私募投资基金			518 万元	2.02%		

数据来源:私募通,西部发展研究院整理,2020 年 9 月。

甘肃凯凯农业科技发展股份有限公司(凯凯农科)成立于 2009 年 9 月,是一家融马铃薯脱毒苗、原原种、原种、一级种繁育研究、生产经营、技术培训和示范推广为一体的综合性农业科技型企业。其主要经营范围包括:马铃薯基础种薯,云杉、柠条、山杏等造林和城镇绿化苗木的生产、批发及零售;马铃薯、小麦、玉米、蔬菜、水果的种植、销售;马铃薯、大米及其他主食化产品的加工、销售;马铃薯新品种培育、农业科技咨询、病虫害防治服务等。

公司先后获得科技成果3项，申报专利5项，省市科技进步奖3项，被认定为中国种子协会单位、省级重点龙头企业、省级企业工程技术研究中心、省级技术创新示范企业，被评为甘肃名牌产品、甘肃省名优诚信企业，通过了绿色食品认证、质量管理体系认证、环境管理体系认证。未来，凯凯农科将以定西马铃薯产业为平台，借助资本市场更加雄厚的实力，大力发展马铃薯产业，从研发、种植、储藏、销售及冷链物流配送实现全产业链，通过资源整合，成为国内马铃薯种薯领域的领军企业。

案例三：

2019年11月，益万农农业科技服务有限公司投资广东鲜美种苗股份有限公司2085万元，占股10.43%（见表5-3）。

表5-3　　鲜美种苗获得投资的情况

投资时间	投资方	被投公司	主营行业	投资金额	持股比例	投资轮次	投资阶段
2019年11月	益万农农业科技	鲜美种苗	农业（种植业）	2085万元	10.43%	新三板定增	成熟期

数据来源：私募通，西部发展研究院整理，2020年9月。

广东鲜美种苗股份有限公司成立于2000年9月，注册资本4295万元，是从事国内外"名、优、特"甜玉米、水稻、西瓜、甜瓜、蔬菜等新品种的引进、研发、生产、加工、推广为一体的大型民营企业，是自有"两杂"品种和生产、经营资质的种业公司。公司拥有国内技术层次最高的科研专家团队及育繁发展的产业集团，拥有先进的全自动种子加工生产线及检验检测设备，库容80万公斤的标准种子冷藏库及健全的营销网络体系，获得了广东省高新技术企业、广东省重点龙头企业、江门市农业产业化十大龙头企业、江门市科技创新型30强企业等荣誉。

目前，鲜美种苗不断加大科研投入，开展自主知识产权的生物育种与常规育种研究，致力于打造具有国内领先水平的商业化育种平台，并与广东省农科院、华南农业大学、台湾嘉义玉米研究场、先正达集团等10余家产学研龙头单位和企业建立了战略合作伙伴关系，实现了"产、学、研、用"的战略性、深层次结合。此外，公司本着"以人才为根本，以科研为依托，以市场为导向，以质量求生存，以诚信促发展"的经营方针，曾承担过多项国家、省市科技计划项目，均取得了重大的影响及示范作用，为推动国家种业转型升级、保障我国粮食安全和促进现代农业发展发挥了积极引领作用。

5.1.2 畜牧业

畜牧业作为农业的产业经济增长点之一，是国民经济的基础产业，也是促进农村生产发展的支柱产业。现代畜牧业的发展不仅能够多途径增加农民的产业收入，为新农村建设提供经济基础及生产动力，而且能够助推乡村振兴战略，进一步深化农业供给侧结构性改革。然而，当前我国畜牧业发展仍存在与经济社会发展要求不相适应的结构性问题，畜牧业产业结构转型升级滞后，亟须通过供给侧结构性改革推动转型升级。而推动畜牧业供给侧结构性改革的主要策略是必须实现畜牧业发展以增产为主转变为以提高质量和绿色发展为主，从劳动密集型的数量型增长向资本和创新密集型的质量和效率型增长转变，实现畜牧业集约化、规模化、高效化、标准化和生态化发展。

为了在稳定产能的基础上，推进畜牧业转型升级，优化供给结构，实现畜牧业的高质量和绿色发展，我国出台了一系列相关政策进行引导和支持。2019年4月，农业农村部、财政部在《关于做好2019年畜禽粪污资源化利用项目实施工作的通知》中明确指出会继续支持畜禽粪污资源化利用工作，实现畜牧养殖大县粪污资源化利用整县治理全覆盖，构建起种养结合、农牧循环的农业可持续发展机制。9月，国务院办公厅印发《关于稳定生猪生产促进转型升级的意见》，指出要稳步提升生猪产业发展的质量效益和竞争力，持续增强猪肉供应保障能力，将自给率保持在95%左右。要加速产业转型升级，到2022年，养殖规模化率要达到58%左右，规模养猪场（户）粪污综合利用率要达到78%以上。12月，农业农村部印发《加快生猪生产恢复发展三年行动方案》，指出要把生猪稳产保供作为农业工作的重点任务抓紧抓实抓细，千方百计加快恢复生猪生产，确保猪肉供应。

受非洲猪瘟疫情等因素的影响，2019年我国畜牧业发展呈现较大波动。其中生猪产能大幅下滑，全国生猪出栏54419万头，比2018年下降21.6%；猪肉产量4255万吨，同比下降21.3%。但是在相关政策的引导支持下，我国家禽产业快速发展，养殖效益日益向好。2019年我国家禽出栏146.41亿只，同比增长11.9%；禽肉产量2239万吨，同比增长12.3%；禽蛋产量3309万吨，同比增长5.8%。此外，牛羊产业也是稳中有增。其中肉牛出栏4534万头，比2018年增长3.1%；牛肉产量667万吨，同比增长3.6%；牛奶产量3201万吨，同比增长4.1%；羊出栏31699万只，同比增长2.2%；羊肉产量488万吨，同比增长2.6%。同时，我国围绕"保供给、保安全、保生态"的总目标，在畜牧业转型升级方面取得了明显成效。畜禽养殖综合规模化率达到60.5%，规模养殖成为肉蛋奶市场供给的主体；畜产品抽检合格率达到98.6%；全国畜禽粪污综合利用率超过74%。

私募通投资事件数据库显示，2019年我国农业产业14家畜牧业企业获得投资，涉及投资金额超过7.02亿美元。本报告精选畜牧业获得投资规模排名靠前的羌山农牧、巴山牧业和壹号食品进行案例说明。

案例一：

2019年3月，北川羌族自治县禹羌投资有限责任公司投资四川省羌山农牧科技股份有限公司4161万元，占股7.23%（见表5-4）。

表5-4　　　　　　　　羌山农业获得投资的情况

投资时间	投资方	被投公司	主营行业	投资金额	持股比例	投资轮次	投资阶段
2019年3月	禹羌投资	羌山农牧	畜牧业	4161万元	7.23%	新三板定增	成熟期

数据来源：私募通，西部发展研究院整理，2020年9月。

四川省羌山农牧科技股份有限公司是注册于北川羌族自治县的农业产业化经营省级重点龙头企业，成立于1998年9月。公司以农牧综合体集成产业模式为战略规划，实施50万头区域性单元式生猪养殖项目，涵盖生猪育种、养殖、饲料加工、精深加工、生物科技、农业技术开发等业务，是致力于打造可追溯封闭式全产业链的全国重点企业、省市重点龙头企业。

公司不仅是省级农业产业化重点龙头企业，还是中国畜牧业协会理事会主席团副主席单位、中国畜牧业协会猪业分会副会长单位、四川省畜牧业协会会长单位、中国小康建设研究会常务理事单位、农牧综合体、田园综合体参研单位、国家标准化养殖示范单位、四川省农业产业化重点龙头企业、第五届中国畜牧行业先进企业。公司还与多所重点院校和科研单位建立了博士工作站和产学研教育体系,将公司生产基地作为教育、科研、实验、生产和实习基地。

公司以致力于餐桌食品安全、生猪猪肉产品生态安全健康、致力于打造区域性、生态立体、健康安全的高科技农业企业为责任和使命,利用产业优势充分发挥龙头带动作用,积极发展产业联盟,带动扶持生产基地周边的农民从事生产绿色的粮食、蔬菜、水果、经济作物种植和健康养殖,帮助农村农民增收致富。公司还积极主动承担社会责任,努力保护就业、加强环保治理、保护生态环境、促进产业发展,把为市场提供优质健康的原料和产品作为企业的责任,不断为产业发展做出应有的贡献。

案例二:

2019年3月,巴中川陕革命老区振兴发展股权投资基金(有限合伙)、景跃华章成长股权一号私募基金投资巴中市巴山牧业股份有限公司1100万元,占股10.63%(见表5-5)。

表5-5　　巴山牧业获得投资的情况

投资时间	投资方	被投公司	主营行业	投资金额	持股比例	投资轮次	投资阶段
2019年3月	川陕革命老区振兴发展股权投资基金	巴山牧业	畜牧业	1000万元	9.66%	新三板定增	扩张期
	景跃华章成长一号基金			100万元	0.97%	新三板定增	

数据来源:私募通,西部发展研究院整理,2020年9月。

巴山牧业股份有限公司专业致力于国家优秀地方猪种——青峪猪保种及全产业链开发,为社会提供"安全、有机、营养、原生态风味"高品质猪肉。生产基地位于国家级畜产品无公害生产基地县、国家无规定疫病区、川陕苏区首府、中国红军之乡——四川省通江县。

公司按照"公司+基地+专业合作社+农户"的产业化运营模式,青峪猪原种场坐落于环境优美、山清水秀的通江县青峪乡,年提供纯繁父母代优质母猪2000头,青峪猪扩繁场基地分布于通江县北部中山和中部中山乡、镇,建设扩繁基地68个,带动青峪商品猪养殖专业户10000户,5年实现年出栏20万头优质商品猪。公司组建最专业化的科技团队对保种场、扩繁基地、专业养殖户实行 24 小时生产全过程监控，饲养全过程实施 HACCP 管理体系，达到从养殖场到餐桌 100% 可追溯，做到"统一标准、统一种源、统一饲料、统一防疫、统一管理、统一销售"，实现全过程是"良心猪、放心猪、同心猪"。

公司聘请畜牧、兽医、管理、运营等方面专家，组建专家团队，成立青峪猪产业化开发研究中心，并与中国农业科学院畜牧研究所、中国农业大学、西南大学、四川农业大学、华南农业大学、四川省畜牧科学院养猪研究所等院、所紧密合作，实现青峪猪品种纯繁、扩繁、基因系谱、风味开发、疾病防控等"官、产、学、研、销"大联动。

案例三：

2019 年 6 月，中央企业贫困地区产业投资基金股份有限公司、广州和智投资管理有限公司联合向广东壹号食品股份有限公司投资 5.5 亿元；同年 12 月，北京三快科技有限公司也向壹号食品投资数亿元（见表 5–6）。

表 5–6 壹号食品获得投资的情况

投资时间	投资方	被投公司	主营行业	投资金额	持股比例	投资轮次	投资阶段
2019 年 6 月	央企贫困地区基金	壹号食品	畜牧业	3 亿元	—	A	成熟期
	和智投资			2.5 亿元	—	A	
2019 年 12 月	美团点评			数亿元	—	B	

数据来源：私募通，西部发展研究院整理，2020 年 9 月。

广东壹号食品股份有限公司创建于 2004 年，以"壹号土猪""壹号土鸡""壹号土牛"为主导品牌，相继开发了"壹号土鸡蛋""壹号土鸭""壹号乌鸡"等优质产品，曾获评农业产业化国家重点龙头企业。它集育种研发、养殖生产、品牌零售于一体，采取"公司+基地+专业户+连锁店"的全产业链经营管理模式，是一家从产地到餐桌全产业链充分整合的现代化创新型畜禽农业企业。

目前，广东壹号食品股份有限公司经营业务快速发展，已成为国内规模最大的知名土猪热鲜肉食品连锁企业。"壹号土猪"的年销售额已超过 12 个亿元，连锁店已超 1800 多家（主要分布于广东、上海、北京、苏州、杭州、天津、重庆等地），成为中国土猪第一品牌连锁企业。公司目前正致力于经营管理模式的转型升级,采用O2O模式,通过线上网络营销和线下直营店体验相结合的方式,成为全新的集生鲜冷链、加工、配送、销售为一体的电子商务有限公司。

5.1.3 农用物资(农药及化肥)

农用物资作为农业生产投入要素,在生产过程中发挥着不可或缺的重要作用。农药和化肥作为最基础且最重要的农用物资,它们的合理使用可以有效提高作物产量、改善作物品质。在乡村振兴战略实施的大背景下,我国的农业进入了高质量发展的新阶段,农药和化肥作为重要的农业生产资料,直接关系到我国的农业发展,关系到国家粮食安全、农产品质量安全和农业生态环境安全。建设现代农业,离不开现代农资的有力支撑。所以,农业的高质量发展也为农资行业提出了高要求、新挑战,倒逼着药肥行业加快转型升级。

为加快推进药肥行业转型升级,大力推进化肥减量提效、农药减量控害,积极探索产出高效、产品安全、资源节约、环境友好的现代农业发展之路,我国农业部制定了《到2020年化肥使用量零增长行动方案》和《到2020年农药使用量零增长行动方案》,指出要加快转变施肥方式,深入推进科学施肥,增加有机肥资源利用,减少不合理化肥投入,实现农药减量控害,走高产高效、优质环保、可持续发展之路;要大力推广新型农药,加快转变病虫害防控方式,大力推进绿色防控、统防统治,构建资源节约型、环境友好型病虫害可持续治理技术体系,进而促进粮食增产、农民增收,保障农业生产安全、农产品质量安全和生态环境安全。2019年中央"一号文件"明确提出开展农业节肥节药行动,实现化肥农药使用量负增长。化肥农药行业开始由"零增长"时代进入"负增长"时代。

在国家相关政策支持下,2019年我国化肥农药利用率稳步提高。2019年我国水稻、玉米、小麦三大粮食作物化肥利用率达到39.2%,比2017年提高1.4%;农药利用率达到39.8%,比2017年提高1%。我国大面积推广测土配方施肥、水肥一体化、机械深施、有机肥替代和生态调控、物理防治、生物防治等节肥节药技术。2019年全国测土配方施肥技术应用面积达19.3亿亩次,绿色防控面积超过8亿亩。同时,绿色高效产品加快应用,缓释肥、水溶肥等新型肥料推广应用面积达到2.45

亿亩次,有机肥施用面积超过 5.5 亿亩次。各地肥料统配统施、病虫统防统治等专业化服务组织蓬勃发展,目前全国专业化服务组织超过 8 万个,三大粮食作物病虫害统防统治覆盖率达到 40.1%。

私募通投资事件数据库显示,2019 年我国农业产业共有 6 家农资(农药及肥料)企业获得投资,涉及投资金额超过 1 亿美元。本报告精选农资(农药及肥料)企业获得投资规模排名靠前的威远生物、内蒙古新威远生物和思威博进行案例说明。

案例一:

2019 年 6 月,利民控股集团股份有限公司、北京欣荣投资管理有限公司和嘉兴金榆新威股权投资合伙企业(有限合伙)以 7.59 亿元收购新奥生态控股股份有限公司持有的标的公司(河北威远生物化工有限公司、河北威远动物药业有限公司和内蒙古新威远生物化工有限公司)100% 的股权。

本案例是该起收购事件中,三家公司联合向其中的标的公司之一,河北威远生物化工有限公司进行股权投资的事件,投资金额 2.53 亿元,共占股 36.91%(见表 5-7)。

表 5-7　　威远生物获得投资的情况

投资时间	投资方	被投公司	主营行业	投资金额	持股比例	投资轮次	投资阶段
2019 年 6 月	利民股份	威远生物	农资(农药及肥料)	1.6 亿元	23.36%	其他	扩张期
	欣荣投资			0.6667 亿元	9.73%		
	金榆新威基金			0.2619 亿元	3.82%		

数据来源:私募通,西部发展研究院整理,2020 年 9 月。

河北威远生物化工有限公司成立于 2013 年 7 月,是一家集农药原料药及制剂研发、生产和销售于一体的现代化企业,是国家农药定点生产企业、国家高新技术企业,拥有国家级企业技术中心,是中国农药工业协会、中国农药发展与应用协会副会长单位,河北省农药工业协会、河北省农药发展与应用协会会长单位。公司现有杀虫剂、杀菌剂、除草剂三大系列 300 多个农药产品,威远生化还打造出了蓝锐、福蝶、禾媖等多个制剂知名产品品牌。

河北威远生物化工有限公司注重产品质量和技术研发,先后参与制定了 15 项国家及行业农药产品标准，拥有多项国家发明专利。通过了 ISO9001 质量管理体系认证、ISO14001 环境管理体系认证、GB/T28001 职业健康安全管理体系认证，公司实验室还通过 CNAS 国家认可实验室认证。此外，公司建立并采用了 SAP 系统、FS 产品追溯系统，实现从原料采购、生产、检验、销售、产品运输、质量追溯等全过程信息化管理，全方位保障了产品的市场流通。依托多年积累的品牌和渠道优势，公司在国内建立起覆盖全国 1200 多个县的市场营销和技术服务网络，拥有千余家经销商，近 3 万家零售商。国际销售产品已覆盖亚洲、欧洲、美洲、非洲等全球 80 余个国家和地区。

案例二：

本案例是利民股份、欣荣投资和金榆新威基金收购新奥股份持有的标的公司股权投资事件中，另一家标的公司——内蒙古新威远生物化工有限公司的股权投资案例，三家公司联合投资 2.53 亿元，占股 36.91%（见表 5-8）。

表5-8　内蒙古新威远生物获得投资的情况

投资时间	投资方	被投公司	主营行业	投资金额	持股比例	投资轮次	投资阶段
2019年6月	利民股份	内蒙古新威远生物	农资（农药及肥料）	1.6亿元	23.36%	其他	成熟期
	欣荣投资			0.6667亿元	9.73%		
	金榆新威基金			0.2619亿元	3.82%		

数据来源：私募通，西部发展研究院整理，2020年9月。

内蒙古新威远生物化工有限公司成立于 2004 年，位于内蒙古自治区鄂尔多斯市达拉特旗，隶属于新奥集团的新奥股份，是国家鼓励类中外合资企业，是自治区级农牧业产业化重点龙头企业。2007 年公司被内蒙古自治区科技厅论证为自治区高新技术企业；同年，新威远阿维菌素项目被国家科技部列入火炬计划；2012 年阿维菌素高产菌改造及其产业化研究项目获得内蒙古自治区科学技术进步一等奖；2016 年 12 月阿维菌素的微生物高效合成及其生物制造项目获得国家科技进步二等奖；2018 年公司被认定为国家级高新技术企业。

内蒙古新威远生物化工有限公司是专业生产阿维菌素原料的生产商，其主要产品阿维菌素是用玉米淀粉、黄豆饼粉等作为原料，通过生物发酵及提取工艺生产，产品主要用于兽用和医用的驱虫药及农用杀虫剂。阿维菌素作为绿色、低毒、低残留生物农药被业界广泛推广。公司利用其生物技术优势，研发和生产具有低毒、绿色、环保特点的生物产品，目前其终端产品已覆盖国内28个省、1200多个县，拥有400余家经销商，近万家零售商。公司阿维菌素产品也已覆盖亚洲、欧洲、澳洲、非洲和美洲等的60多个国家和地区，与数百家公司有贸易往来，并在国内外市场上享有很高的声誉。同时，公司与中科院、清华大学、南开大学、中国农业大学等多所高等院校及国际知名公司开展了深度合作，努力保持生物技术持续领先。

案例三：

2019年12月，吴孔兴、杭州慧悦投资合伙企业（有限合伙）、井贤栋投资江苏思威博生物科技有限公司2000万元（见表5-9）。

表5-9　　思威博获得投资的情况

投资时间	投资方	被投公司	主营行业	投资金额	持股比例	投资轮次	投资阶段
2019年12月	吴孔兴	思威博	农资（农药及肥料）	1400万元	—	A轮	扩张期
	慧悦投资			300万元	—		
	井贤栋投资			300万元	—		

数据来源：私募通，西部发展研究院整理，2020年9月。

江苏思威博生物科技有限公司是一家农业废弃物资源化运营平台，主要为种养殖企业提供农业废弃物"环保+肥料"整体解决服务，其独有的"生物+分子膜"静态堆肥好氧发酵技术，在为种养殖企业提供固废、液废环保处理服务的同时，能够将禽畜粪便资源化利用生产有机肥。

目前思威博在全国，如湖北麻城、江苏睢宁、江苏兴化、陕西铜川、四川绵阳、广西南宁、黑龙江林甸、内蒙古和林格尔、青海海东、福建平和等建有有机肥生产自营基地35个，技术输出基地40个，在试点基地51个，为伊利优然牧业、赛科星集团、温氏集团、众兴菌业、湘桂集团、德青源、花花牛等大型企业提供固废、液废环保一揽子解决服务，年处理固废200多万吨，年产有机肥30万吨，年处理废水120万平方米以上。

5.1.4 "互联网+"现代农业

"互联网+"现代农业是"互联网+"的重要组成部分，就是利用移动互联网、大数据、云计算、物联网等新一代信息技术与农业的跨界融合，通过资源整合、信息共享和要素互联，创新基于互联网平台的现代农业新产品、新模式和新业态。"互联网+农业"不仅是推动农村一二三产业融合发展的抓手和载体，更是推动农民增收、助力"脱贫攻坚"的新举措和新渠道。

为进一步推进"互联网+"与农业农村的深度融合，2019年中央"一号文件"明确指出要实施数字乡村战略，深入推进"互联网+农业"，扩大农业物联网示范应用；要推进重要农产品全产业链大数据建设，加强国家数字农业农村系统建设；要继续开展电子商务进农村综合示范，全面推进信息进村入户，依托"互联网+"推动公共服务向农村延伸。2月，中共中央、国务院《关于促进小农户和现代农业发展有机衔接的意见》中明确支持小农户发展农村电商，开展电商服务小农户专项行动，深化电商扶贫频道建设，开展电商扶贫品牌推介活动，推动贫困地区农特产品与知名电商企业对接。4月，财政部、商务部等联合发布《关于开展2019年电子商务进农村综合示范工作的通知》，鼓励各地优先采取以奖代补、贷款贴息等支持方式，通过中央财政资金引导带动社会资本共同参与农村电子商务工作，进而推动农村电商商务的深入发展。5月，中共中央、国务院《关于建立健全城乡融合发展体制机制和政策体系的意见》中指出，完善农村电商支持政策，实现城乡生产与消费多层次对接。12月，农业农村部中央网络安全和信息化委员会办公室在关于印发《数字农业农村发展规划（2019—2025年）》的通知中强调，要以产业数字化、数字产业化为发展主线，以数字技术与农业农村经济深度融合为主攻方向。到2025年，数字农业农村建设要取得重要进展，能够有力支撑数字乡村战略实施。

随着数字乡村建设、电子商务进农村综合示范、电商扶贫等工作深入推进，"互联网+"现代农业继续保持良好发展态势，农村网络零售和农产品上行规模不断扩大，农村消费市场潜力进一步释放，农村电商模式不断创新，电商扶贫实现国家级贫困县全覆盖，电子商务积极助力农业供给侧改革，为乡村振兴提供新动能。在我国农村互联网建设的大力推动下，"农村宽带进乡入村"也已基本实现。2019年，中国已建成全球最大规模光纤和移动通信网络，行政村通光纤和4G比例均超过98%。随着农村电商的快速发展，农村电商网络零售占全国网络零售市场份额逐步扩大。2019年，全国农村网络零售额从2014年的1800亿元增加到1.7万亿元，规模扩大8.4倍。其中，农产品网络零售额高达3975亿元，同比增长27%，带动300多万贫困农民增收。此外，农村地区收投快递超过150亿件，占全国快递业务总量的20%以上。"互联网+"现代农业的快速融合发展不仅表现在农业电子商务上，农业物联网、农业大数据工程、农业信息服务等方面也已取得初步成效。2019年，数字技术与农业农村加速融合，产业数字化快速推进，智能感知、智能分析、智能控制等数字技术加快向农业农村渗透，农业农村大数据建设不断深化。农产品质量安全追溯、农兽药基础数据、重点农产品市场信息、新型农业经营主体信息直报等平台建成使用；单品种大数据建设全面启动，种业大数据、农技服务大数据建设初见成效；农业物联网应用服务、感知数据描述和传感设备基础规范等一批国家和行业标准陆续出台。具有自主知识产权的传感器、无人机、农业机器人等技术研发应用，集成应用卫星遥感、航空遥感、地面物联网的农情信息获取技术也日臻成熟。

参照私募通投资事件数据库，2019年，我国农业产业共有54家"互联网+"现代农业企业获得投资，已披露的投资金额达到2.61亿美元。本报告精选农业电商乐禾食品和云菜园、农业物联网科百科技和懒龙龙、农业大数据工程中农普惠和珈和科技、农业信息化服务农创圈和那家网进行案例说明。

（1）农业电子商务

案例一：

2019年3月，乐禾食品集团股份有限公司获得由广东和智投资管理有限公司和不公开的投资者联合投资的1亿元B轮融资；2019年10月，乐禾食品再次获得由广东和智投资管理有限公司和龙珠资本一期人民币基金联合投资的1亿元B+轮融资（见表5-10）。

表5–10　　　　　　　　　乐禾食品获得投资的情况

投资时间	投资方	被投公司	主营行业	投资金额	持股比例	投资轮次	投资阶段
2019年3月	不公开投资者	乐禾食品	农业电子商务	3000万元	—	B	成熟期
	和智投资			7000万元	—		
2019年10月	和智投资			10000万元	—	B+	成熟期
	龙珠资本一期				—		

数据来源：私募通，西部发展研究院整理，2020年9月。

乐禾食品集团股份有限公司成立于2006年10月，是一家专业从事农副产品生产、加工、物流配送、餐饮管理的现代化服务企业，也是食品供应链管理公司。乐禾食品一直致力于打造完整的食品商业生态链，以向客户提供安全放心的食品为己任，建立了严格和完善的全程品质管理体系，从供应链源头防范潜在的安全隐患，为广大客户提供了安全、实惠、省心的健康食品。

乐禾食品集团股份有限公司以实体配送中心及线下体验农场为基础，运用互联网模式，向客户提供安全放心的食材。公司具有信息化、标准化、规模化、产业化和专业化等优势，拥有自主开发的农产品供应链管理系统，实现了从农田到餐桌全程品质管理，有效确保了公司的高效运营和统一管理；依托不断完善的运营手册和管理系统，确保各个配送中心的标准化运营，并使之具备连锁复制的能力；经营的农副产品达数千种，业务范围已覆广东、海南、云南及上海等地，逐步建立面向全国的配送网络；借助乐禾总部的资本和业务平台，促进上下游产业链的资源整合与协同发展，在产供销各环节实现成本控制。目前，乐禾食品的业务区域已覆盖全国多个区域，并正在加快向全国其他重点区域扩展。

案例二：

2019年4月，杭州玻色子股权投资合伙企业（有限合伙）、天津以太方程式企业管理合伙企业（有限合伙）、宁波梅花天使投资管理有限公司和青岛乐通产融合创基金投资中心（有限合伙）分别向北京悦邻科技有限公司投资数百万元（合投）（见表5–11）。

表5-11　　云菜园获得投资的情况

投资时间	投资方	被投公司	主营行业	投资金额	持股比例	投资轮次	投资阶段
2019年4月	玻色子投资	云菜园	农业电子商务	数百万元	—	A+	扩张期
	天津以太方程式企业管理合伙企业（有限合伙）			数百万元	—		
	梅花创投			数百万元	—		
	乐通产融合创基金			数百万元	—		

数据来源：私募通，西部发展研究院整理，2020年9月。

北京悦邻科技有限公司成立于2015年6月，其创建的云菜园项目是一家产地和销售农产品平台，致力于为家庭农场、种植大户、专业合作社、农产品批发和加工企业提供真实可靠的服务。云菜园隶属于北京沃丰收科技有限公司，主要以售卖新鲜水果蔬菜及各类生鲜农产品为主营业务，兼营米面粮油。云菜园主打高频刚需产品，满足着一站式家庭餐桌消费需求，通过其强大的生鲜供应链能力，取代了冗余流通的环节，为消费者提供最终优质低价产品。

北京悦邻有限公司现已在全国18个省份建立了30000多个产地服务站，并在郑州万邦、济南匡山、北京新发地等大型农批市场拥有入驻批发商和大粮、果蔬等数百种优质农产品供应门店销售。云菜园生鲜便利店现也已在济南市先后经营门店170余家，通过"社区店+前置仓"，以及线下实体门店高密度渗透和线上大范围区域配送相结合的创新性销售模式，将实体经济与数字化完美结合，真正做到了科技驱动传统，服务于民，带动地区实体经济快速发展。

（2）农业物联网应用

案例一：

2019年4月，深圳澳银资本管理有限公司（领投）、北京高捷资产管理有限公司、不公开的投资者投资北京科百宏业科技有限公司数千万元（见表5-12）。

表5-12　　科百科技获得投资的情况

投资时间	投资方	被投公司	主营行业	投资金额	持股比例	投资轮次	投资阶段
2019年4月	不公开的投资者	科百科技	农业物联网	数千万元	—	A	成熟期
	高捷资本			数千万元	10.00%	A	
	澳银资本（领头）			数千万元	12.00%	A	

数据来源：私募通，西部发展研究院整理，2020年9月。

北京科百宏业科技有限公司是一家农业物联网科技公司，致力于研发生产高性能、低成本的物联网无线节点和基站等农业环境信息采集设备及大数据应用技术，主要用于温室大棚环境信息采集和设备无线控制及精准灌溉控制、霜冻预警和病虫害数学模型等应用。公司研发的降雨、水位、土壤墒情、多要素气象自动监测站在网络化运行管理、低功耗和无线传感器等多项技术上均处于行业领先地位。所拥有的迈特斯自动监测系统应用领域包括：山洪、降雨自动监测，土壤墒情自动监测，河流、湖泊水位自动监测，节水灌溉自动化管理，河流凌汛自动监测，生态环境自动监测，森林火灾和霜冻监测预警，仓储环境自动监测及公路气象自动监测。

案例二：

2019年12月，上海星爵瀚投资管理合伙企业（有限合伙）、湖州君岩投资管理合伙企业（有限合伙）、上海起沧点海创业投资合伙企业（有限合伙）投资上海夏实信息科技有限公司2300万元，占股11.5%（见表5-13）。

表5-13　　　　　　　　　　懒龙龙获得投资的情况

投资时间	投资方	被投公司	主营行业	投资金额	持股比例	投资轮次	投资阶段
2019年12月	上海星爵瀚基金	懒龙龙	农业物联网	1000万元	5.00%	A	扩张期
	湖州君岩投资基金			800万元	4.00%	A	
	起沧点海基金			500万元	2.50%	A	

数据来源：私募通，西部发展研究院整理，2020年9月。

上海夏实信息科技有限公司懒龙龙是一个农副产品供应链平台，以蛋品供应链整合为切入点，旨在打造农副产品供应链平台，立志于打造新的B2C生鲜产业链。公司将整个系统数字化，以定制组装的方式将供应链、进销存、财务、物流、CRM（Customer Relationship Management，客户关系管理）、BI（Business Intelligence，商业智能）报表这6个核心环节的系统都做了信息化。这就意味着一颗鸡蛋从母鸡饲养到出生、收集、运输、入库、经销、到达用户的整个环境都是在线上完成，也是可以监控的。实现了货品流转效率100%的优化，货物到仓库的周期从原来的4天缩短到1.5天（传统经销流转需要10天）；数字化的供应链系统允许一个销售同时管理100万只鸡（大约是100个农户）；此外，随着数据的积累，未来系统有能力根据小B端商户的购买记录,做个性化推荐。

(3)农业大数据工程

案例一:

2019年1月,中国供销电子商务有限公司、宜信财富控股有限公司、北京煜盈资产管理有限公司投资中农普惠金服科技股份有限公司4000万元(见表5-14)。

表5-14　　中农普惠获得投资的情况

投资时间	投资方	被投公司	主营行业	投资金额	持股比例	投资轮次	投资阶段
2019年1月	供销e家	中农普惠	农业大数据工程	2240万元	—	Pre-A	初创期
	宜信财富			960万元	—	Pre-A	
	北京煜盈资管			800万元	—	Pre-A	

数据来源:私募通,西部发展研究院整理,2020年9月。

中农普惠金服科技股份有限公司是一家专注于农业种植信息化管理服务的农业+互联网公司,致力于用真实的种植数据引领中国农业的产业化转型升级。中农普惠融合物联网、大数据、云计算技术开发出的一套精细化种植管理信息化系统"慧种地",把经营种植的全过程"经验结构化、生产标准化、行为数据化",帮助种植户将种植经验形成结构化的数据并沉淀建模,把整个种植生产过程按照标准化的工序进行分割,通过标准化管理和金融科技手段降低成本,从而更好地辅助生产者对种植决策进行优化。颠覆了传统农业生产中的粗放式管理,帮助大型农业经营、种植主体的技术更完善,品质更可控,成本更低廉,产量更稳定,盈利更丰厚,将中国农场的管理水平提升到全新的高度。

通过"慧种地"平台,公司构建了以种植大数据为核心的现代农业产业生态圈,为农业产业链上各环节的参与者赋能。让新技术的推广有的放矢,让农资厂商直达用户需求,让农产品流通更具效益,让农业金融的发展有了明确路径。

案例二:

2019年8月,深圳君盛祥石股权投资基金合伙企业(有限合伙)、深圳君盛鼎石创业投资企业(有限合伙)、武汉光谷人才投资管理有限公司投资武汉珈和科技有限公司数千万元(见表5-15)。

表 5-15　　珈和科技获得投资的情况

投资时间	投资方	被投公司	主营行业	投资金额	持股比例	投资轮次	投资阶段
2019 年 8 月	君盛祥石投资基金	珈和科技	农业大数据工程	数千万元	—	A+	扩张期
	君盛鼎石创投			数千万元	—	A+	
	光谷人才投资			数千万元	—	A+	

数据来源：私募通，西部发展研究院整理，2020 年 9 月。

武汉珈和科技有限公司成立于 2013 年，致力于空间智能技术为核心的大数据信息服务，创新技术依托于中国科学院、武汉大学、北京师范大学，是业内领先的卫星遥感解译服务商。公司总部坐落于武汉国家地球空间信息产业化基地，已在北京、重庆、辽宁、新疆、山西、山东、江苏、福建等地设立了分公司和办事处，形成了健全的市场服务体系。珈和科技秉承"提升效能、优化生态"的企业使命，潜心耕耘遥感信息行业多年。服务领域涵盖遥感影像私有云、遥感影像数据挖掘、农业遥感行业应用等。公司通过遥感测量技术、GPS 定位技术、GIS 地理信息平台、作物生长趋势模拟技术、数据挖掘技术、开源数据库，以及 API 云存储技术等，对地球卫星影像进行加工处理和数据分析，能够提供包括作物种植分布提取、农作物长势监测、产量预估、气象跟踪、旱涝预警、灾后估损、种植选地、种植计划等数据采集和分析的智慧农业解决方案，真正地实现精准农业和农业现代化。珈和农情遥感监测辐射范围覆盖全球，业务范围涉及小麦、水稻、玉米、棉花、大豆等多类世界性流通大宗农作物数据提取、农林资源普查、农业环境污染监测等应用领域，能够为种植、投资、贸易、环保等企业事业单位提供科学的数据和决策支持。

（4）农业信息化服务

案例一：

2019 年 11 月，苏州同程众创企业管理服务有限公司投资合肥农盟汇网络科技有限公司数百万元（见表 5-16）。

表 5-16　　农创圈获得投资的情况

投资时间	投资方	被投公司	主营行业	投资金额	持股比例	投资轮次	投资阶段
2019 年 11 月	同程资本	农创圈	农业信息化服务	数百万元	—	天使轮	初创期

数据来源：私募通，西部发展研究院整理，2020 年 9 月。

合肥农盟汇网络科技有限公司是一个农场主服务社群平台,由江苏种田大户联盟(社区)、安徽农盟会、山东农创圈等20多个区域农场主集群平台共同组成,平台主要为农场主和其他规模农业经营主体(合作社、农企)提供各类农业产业链服务,包括新品种、高效品种的引进、农资农机的集中采购、农产品的创意包装设计、农产品营销的渠道对接等。他们通过农批、商超、电商、社区拼团等渠道,将各地的农产品顺利销售出去。同时为了实现农业生产者和渠道商的精准对接,还为平台会员提供各类农产品的行业政策、价格、信息服务。

案例二:

2019年11月,贵州绿色产业扶贫投资基金(有限合伙)投资贵州电子商务云运营有限责任公司(见表5-17)。

表5-17　　　　　　　　　那家网获得投资的情况

投资时间	投资方	被投公司	主营行业	投资金额	持股比例	投资轮次	投资阶段
2019年11月	贵州绿色产业扶贫基金	那家网	农业信息化服务	—	24.5%	B	扩张期

数据来源:私募通,西部发展研究院整理,2020年9月。

贵州电子商务云运营有限责任公司经营互联网信息服务业务、网站建设、网络技术服务等业务,贵州电商云通过"平台+服务"模式,为各地区电商发展提供"一条龙"的电商服务。通过"服务下乡",实现"黔货出山"。公司以构建县级电商服务中心为抓手,为当地政府及企业发展电商提供"本地化+落地化"电商服务,提供资源对接、宣传推广、数据服务、人才服务,政策咨询等服务。公司建设供应链体系,对县域农产品进行摸底,整合当地生产/销售商家,提供产品拍摄、详情页制作、店铺装修等服务,为电商平台/创业者提供货源,整合贵州电商云平台资源,提供更符合上行的产品。

5.1.5 生态循环农业

生态循环农业是将种植业、畜牧业、渔业等与加工业有机联系的综合经营方式,利用物种多样化、微生物科技等核心技术在农林牧副渔多模块间形成整体生态链的良性循环，力求解决环境污染问题，优化产业结构，节约农业资源，提高产出效果，打造新型的多层次循环农业生态系统，创造出一种良性的生态循环环境。同时，开辟因地制宜，依托当地生态资源搭建独立成熟的单一或多种复合农业模块的经营方式，充分利用中国地大物博的优势，既根植于当地生态环境的优化改善，又跨区域调配资源，形成更广义空间上的现代生态循环农业。生态循环农业主要目标为：提高农业物质能量的循环利用；提倡清洁生产和节约消费；减少有害物质，将农业废弃物变废为宝；减轻环境污染和生态破坏。

2019年11月中国农业农村部办公厅印发《农业绿色发展先行先试支撑体系建设管理办法（试行）》（以下简称《管理办法》），提出6条管理任务，其中一条为建立和完善绿色农业产业体系。大力发展种养结合、生态循环农业，扩大绿色、有机和地理标志农产品种养规模，大力培育农产品品牌，增加绿色优质农产品供给，提升绿色农产品质量和效益。开展绿色农产品产地加工，建设产地贮藏、预冷保鲜、分级包装、冷链物流设施。开发农业休闲观光、文化传承等多种功能，大力发展休闲观光、乡村民宿、康养基地等乡村休闲旅游产业，实现农村一二三产业融合发展。还要建立农业绿色发展稳定投入机制，健全以绿色生态为导向的补贴制度，加大对节水节肥节药、循环利用农业废弃物等的支持力度。加快农业绿色发展地方性法规制修订，出台农业负面清单等约束措施，严格限制浪费水资源、过量使用农业投入品、污染农业环境等行为。加强农产品质量安全监管，健全质量监测平台，推进农产品质量安全全程可追溯。

实施方式上，《管理办法》表示，分析制约当地农业绿色发展的突出问题，确定绿色发展技术应用试验和数据监测的具体内容和方式等，拟定年度工作计划。针对制约农业绿色发展的突出问题，每个试点县安排3—5项绿色技术试验任务。同时建立长期固定观测试验站，明确监测点位、指标、方法和频次等，对资源利用、投入品使用、废弃物回收利用等情况进行监测。《管理办法》强调，推进农业绿色发展的资金项目向支撑体系建设重点倾斜。试点县围绕试验试点内容，与涉农高校、省级以上科研院所、国家和省级现代农业产业技术体系等建立紧密的合作关系，组建专家团队，明确团队负责人，开展技术应用试验、固定观测试验站建设、政策研究、技术推广、产业培育等工作。

本书根据私募通投资事件数据库披露信息，选择生态循环农业领域的雪榕生物与正邦生态养殖进行案例说明。

案例一：

2019年7月1日，云图优选1号私募证券投资基金投资上海雪榕生物科技股份有限公司2.72亿元（见表5-18）。

表5-18　　雪榕生物获得投资的情况

投资时间	投资方	被投公司	主营行业	投资金额	持股比例	投资轮次	投资阶段
2019年7月	云图优选1号私募证券投资基金	雪榕生物	农业	2.72亿元	8.85%	其他	成熟期

数据来源：私募通，西部发展研究院整理，2020年9月。

上海雪榕生物科技股份有限公司（以下简称"雪榕生物"）作为食用菌工厂化行业的领军企业，雪榕生物食用菌工厂化的产能和品质均处于同业领先水平，金针菇工厂化生产中生物学转化率及污染率控制等关键指标居行业前列。依托强大的全国销售网络布局，较高的品牌知名度、美誉度，雪榕生物产品定价空间和品牌溢价能力很强。雪榕生物在菌种、工艺、培养基配方等方面，具有核心自主知识产权，并已经完全具备自主发展能力，具备生产金针菇、蟹味菇、白玉菇、杏鲍菇、海鲜菇、香菇、双孢蘑菇、白灵菇、舞茸等多种产品的能力。雪榕生物具有领先的自动化生产技术和瓶栽技术，拥有一批掌握国际先进技术的研发人员、经验丰富的优秀管理团队，集生物工程育种、人工模拟生态环境、智能化控制、自动化机械作业于一体，以"绿色、环保、安全"的责任意识，始终把食品安全放在首位，在生产过程中不使用任何农药和化学品，为消费者提供安全、优质、健康的食用菌产品。生产采用玉米芯、米糠、啤酒糟等为主要原材料，变废为宝，实现生物循环，成功解决了发展食用菌产业与保护生态环境之间相互矛盾的难题，有力地保护了森林资源。

案例二：

2019年12月，广东邦农股权投资合伙企业（有限合伙）投资广东正邦生态养殖有限公司6.4亿元，占股13.57%（见表5-19）。

表5–19　　正邦生态养殖获得投资的情况

投资时间	投资方	被投公司	主营行业	投资金额	持股比例	投资轮次	投资阶段
2019年12月	广东邦农基金	正邦生态养殖	畜牧业	6.40亿元	13.57%	A	成熟期

数据来源：私募通，西部发展研究院整理，2020年9月。

广东正邦生态养殖有限公司是正邦集团下属子公司，正邦集团成立于1996年，是中国企业500强、农业产业化国家重点龙头企业、国家高新技术企业。集团分设畜牧、植保、食品、金控四大产业，在全国29个省（市、区）拥有580家分子公司、60000名员工，在"一带一路"10个国家拥有20家企业。

广东正邦生态养殖有限公司成立于2009年7月27日，注册资本5亿元人民币，是正邦集团华南片区总部，位于广东韶关市甘棠工业园。公司主营业务包括生猪、鱼类养殖、销售，生猪养殖、销售的信息咨询及技术服务，麻竹笋、果树、蔬菜的种植及销售，是一家集现代农业、生态农业、循环农业为一体的综合型经营企业。公司建设的种养加一体化农业循环经济示范基地，将林果初加工产生的残渣和畜禽养殖产生的粪便经过有机肥加工厂和沼气池发酵，有机肥及经沉淀净化处理后的沼液通过抽排灌溉系统用于林果和牧草种植，牧草用于畜禽养殖，形成种养一体化循环的有机生物链。通过"公司+基地+农户"的方式，大力调动农户种植和养殖的积极性，扩大种养循环区域，建设规模化生态小区，推动区域农业产业化发展。

5.2　投资行为分析

5.2.1　投资机构农业投资行为总览

农业农村部提出，2019年是新中国成立70周年，是全面建成小康社会关键之年，巩固发展农业农村好形势，具有特殊重要意义。坚持农业农村优先发展总方针，以实现农业农村现代化为总目标，以实施乡村振兴战略为总抓手，对标全面建成小康社会"三农"工作必须完成的硬任务，适应新形势新任务新要求，立足全局抓重点，担当作为抓落实，围绕"巩固、增强、提升、畅通"深化农业供给侧结构性改革，加大脱贫攻坚力度，提升农业发展质量，稳定粮食生产，保障重要农产品供给，发展壮大乡村产业，促进农民持续增收，抓好农村人居环境整治，全面深化农村改革，加强文明乡风建设，健全乡村治理体系，充分发挥农村基层党组织战斗堡垒作用，全面推进乡村振兴。2019年，农业行业VC/PE融资方面，披露的融资事件数量有所减少，但融资金额较2018年仍保持增长趋势。

私募通数据显示，2019年，农业领域披露投资规模达到27.74亿美元，较2018年披露投资规模下降17.64%。获投规模达到3000万美元以上的农业龙头企业有17家，超过1亿美元的超大型投资行为有7起。此外，2019年农业领域A轮投资总额达6.64亿美元，最高融资金额达到1.31亿美元。

从具体案例看，2019年国内农业行业VC/PE融资规模最大的交易为内蒙古优然牧业有限责任公司3.27亿美元收购内蒙古赛科星繁育生物技术（集团）股份有限公司。其次是鼎晖投资、高榕资本、明德投资、北京电商投资联合投资农业电商未来生活2亿美元。排名第三的是启明创投、贝塔斯曼亚洲投资基金、CMC资本（华人文化产业投资基金）、星界资本、龙湖资本联合投资叮咚买菜1.4亿美元。

此外，值得关注的案例还有，2019年6月28日，浙江浙商产融投资发展有限公司投资内蒙古某种植企业，注资规模为1.31亿美元。2019年7月18日，新希望乳业股份有限公司1.02亿美元入股现代牧业。2019年10月11日，平安资本有限责任公司投资河北省某食品制造企业，注资规模为9897万美元。2019年11月21日牡丹江国富投资中心（有限合伙）投资广州东凌国际投资股份有限公司8029万美元。2019年7月9日，北京君联晟源股权投资合伙企业（有限合伙）投资乖宝宠物食品集团有限责任公司5084万美元。2019年2月15日，广东省农业供给侧结构性改革基金合伙企业（有限合伙）投资湛江国联水产开发股份有限公司4436万美元。

2019年农业领域VC/PE融资案例中，有12家企业曾在2018年内完成过融资，分别是中农互联、中国飞鹤、吉林森工、海南沉香、荷金股份、于小菓、美味源、菁茂农业、新农人、丁义兴、毛球殿下、农政齐民。其中，中国飞鹤在2013年6月24日和10月31日，分别获得North Haven Private Equity Asia IMF Holding Limited 2496万美元A轮投资和193万美元A+轮投资；在2018年1月23日，获得国鑫投资有限公司 3864 万美元投资；在 2019 年 3 月、4 月和 5 月，分别获得 Right Time Global Investment SPC、Vista Associates Corporation 3940 万美元投资，Tiantu Xinghe Investment Limited Company 1 亿美元投资，以及 Hocrane Investment Ltd.、Wang Jian Guo Holdings Limited、Nymph Investment Cayman Limited 和中视金桥国际广告（香港）有限公司超过 1.58 亿美元的投资。海南香树沉香产业股份有限公司在 2018 年 3 月 13 日获得杭州德干股权投资基金合伙企业（有限合伙）新三板定增投资 1800 万美元；在 2019 年 4 月 3 日获得杭州红鑫汇股权投资合伙企业（有限合伙）新三板定增投资 1191 万美元。另外，上海丁义兴食品股份有限公司在 2018 年 6 月获得上海博多投资有限公司等新三板定增投资 84 万美元；在 2019 年 6 月 12 日又获得上海奉贤中小企业基金新三板定增投资 16 万美元。

5.2.2 投资机构农业投资行为变化趋势

从 2019 年中国农业领域投融资金额 TOP10 事件可以看到，畜牧业、"互联网+"现代农业、农业（种植业）、农产品及食品加工等细分领域的企业倍受投资机构关注。10 起投资事件中，畜牧业和"互联网+"现代农业投资事件分别有 4 起，农业（种植业）、农产品及食品加工业投资事件分别有 1 起（见表 5-20）。其中，畜牧业企业获得的投资金额总体较高，受非洲猪瘟及城乡居民消费升级的拉动，畜产品价格持续走高，引来资本关注。其次是"互联网+"现代农业企业，无论从投资数量还是金额来看，"互联网+"现代农业都是农业产业倍受资本青睐的细分领域，这与市场发展需求驱动、国家政策导向、互联网巨头引领等因素密切相关。

表 5-20　　2019 年中国农业领域投融资金额 TOP10 事件

排名	公司名称	所属行业	融资时间	融资金额（百万美元）	投资机构
1	赛科星	畜牧业	2019 年 8 月	326.83	优然牧业
2	未来生活	农业电商	2019 年 10 月	200.00	鼎晖投资、高榕资本、明德投资、北京电商投资
3	叮咚买菜	农业电商	2019 年 7 月	139.89	启明创投、贝塔斯曼亚洲投资基金、CMC 资本（华人文化产业投资基金）、星界资本、龙湖资本

续表

排名	公司名称	所属行业	融资时间	融资金额（百万美元）	投资机构
4	不披露	农业（种植业）	2019年6月	130.86	浙江浙商产融投资发展有限公司
5	现代牧业	畜牧业	2019年7月	101.72	新乳业
6	不披露	农产品及食品加工	2019年10月	98.97	平安资本有限责任公司
7	正邦生态养殖	畜牧业	2019年12月	91.04	广东邦农基金
8	壹号食品	畜牧业	2019年6月	71.74	和智资本、国投央企扶贫基金
9	云徙科技	农业大数据	2019年10月	50.22	元禾原点创投、惠友资本、中金佳成、襄禾资本
10	乐禾食品	农业电商	2019年3月	14.87	不公开投资者、和智投资
			2019年10月	14.87	和智投资、龙珠资本一期

数据来源：IT橘子、私募通，西部发展研究院整理，2020年9月。

6

投资案例分析

6.1 世界农业投资形势及案例分享

6.1.1 2019年世界对外直接投资形势

根据联合国贸易和发展会议（UNCTAD）最新发布《2020年世界投资报告》(World Investment Report 2020，本节内简称《报告》) 显示，2019年全球外国直接投资（FDI）流量微幅增长3%，达1.54万亿美元，在继2017年、2018年两年间的持续减少后初现回升。面对突如其来的新冠疫情，《报告》也做出了2020年全球外国直接投资将减少40%的预测，这也将是继2005年之后全球外国直接投资流量首次降至1万亿美元以下。

（1）外国直接投资流入

2019年，流入发达经济体的外国直接投资增加了5%，达到8000亿美元。增长集中在欧洲地区（上涨18%，至4290亿美元），主要是由于爱尔兰和瑞士等一些经济体在2018年急剧的负流入之后在2019年出现了外国直接投资流入的跳跃性增长。同时，发达经济体中的较大经济体在2019年的外国直接投资却有所下降。美国作为最大的外国直接投资接受国，2019年的外国直接投资下降了3%，降至2460亿美元。

2019年，流入发展中经济体的外国直接投资略有减少，下降了2%，至6850亿美元。自2010年以来，流向发展中经济体的资金一直相对稳定，平均为6750亿美元。按具体地区来看，流向非洲的总额减少了10%，降至450亿美元；亚洲方面，尽管东南亚、中国和印度的外国直接投资有所增长，但流入该区域的总额仍减少了5%，降至4740亿美元；拉丁美洲和加勒比地区的外国直接投资则增加了10%，达到1640亿美元。

2019年全球外国直接投资流量的增长也掩盖了按收入水平分组的经济体之间的差异。平均而言，所有较高和中等收入水平组的外国直接投资相对不变或略有增加。只有最不发达国家的外国直接投资流量减少了5.7%。具体国家排行方面，美国、中国（不包括港澳台）仍位居外国直接投资的第一、第二位，新加坡、荷兰与爱尔兰分列第三、第四、第五位。

（2）外国直接投资流出

2019年，发达经济体跨国公司的对外投资大幅增长。发达经济体的跨国公司在海外投资9170亿美元，较2018年异常低值增长了72%。日本再次成为最大的海外投资者，资金外流激增至2270亿美元。税收改革推动的美国跨国公司将累积的外国收益汇回本国的速度放缓，而这些收益在2018年曾造成了大量的负流出，使美国位于2018年外国直接投资流出榜第162位。2019年，美国位列外国直接投资流出榜的第二位，荷兰、中国（不包括港澳台）、德国分列第三、第四、第五位。

6.1.2　2019年世界农业产业投资形势

2020年2月5日中央"一号文件"《中共中央　国务院关于抓好"三农"领域重点工作确保如期实现全面小康的意见》的第三部分第十六条"加强现代农业设施建设"中指出要"提早谋划实施一批现代农业投资重大项目，支持项目及早落地，有效扩大农业投资""启动农产品仓储保鲜冷链物流设施建设工程"及"加强现代信息技术在农业领域的应用"，文件内容从侧面反映了现代农业技术在农业产业中所被期望发挥的重要作用。

AgFunder发布的《2019年农业食品科技投资报告》的最后一节中同样认为"与所有产业一样，技术在农业食品部门的运作中发挥着关键作用，这是一个价值7.8万亿美元的产业，负责养活地球及雇用全球40%以上的人口"。麦肯锡咨询公司研究亦表明："当今农业仍然是所有主要行业中数字化程度最低的行业，创新的步伐没有跟上其他行业的步伐。"因此在世界农业产业投资中关注农业食品产业中技术方面的投资，对于解决我国"三农"目前面临的诸多问题具有现实意义。

AgFunder是一家食品技术和农业科技风投公司，自2014年以来每年发布关于农业食品科技领域投资的《AgFunder农业食品科技投资报告：2019》（本节以下简称《报告》），其原始数据主要来源于Crunchbase，同时AgFunder也与来自亚洲、南美洲、欧洲等地区的全球合作伙伴进行当地数据的收集以确保数据全面性。农业与食品部门拥有广泛的供应链，涵盖投入品和工业、农业、物流、批发分销、加工、零售分销和消费者。为尽可能地覆盖全产业链，《报告》将其分为：上游领域，包括农用生物技术、农业综合市场、农场管理软件、传感及物联网技术、农场机器人、机械及设备、生物能源及生物材料、新农场系统、中游技术（包括食品安全与可追溯技术、物流与运输、加工技术等）及创新食品；下游领域，包括店内零售及餐饮技术、餐饮市场、电子商务、网上餐厅及食材包、家庭烹饪技术、外卖；农业金融服务等兼顾上下游的产业。

从整体行业来看，2019年，《报告》显示世界农业食品科技领域总投资额达198亿美元，较2018年减少了4.8%，投资事件1858例，较2018年减少了15%，其中单笔最高投资额达10亿美元。从上下游行业来看，2019年上游产业投资额达76亿美元，较2018年增加了1.3%，投资事件1039例，减少了7%，其中单笔最高投资额达4亿美元；下游产业投资额达120亿美元，较2018年减少了7.6%，投资事件781例，减少了24%，其中单笔最高投资额达10亿美元。

从投资额有显著增长地区来看，2019年与整个风险投资行业的增长趋势近似，农业食品技术领域的总体投资额也有所下降，但对于全球范围内各个地区的农业食品技术公司来说，仍然是不错的一年。欧洲的风险投资行业日益成熟，在农业食品技术产业投资额同比增长94%，达到33亿美元，十分引人注目。尽管英国成交交易数量确实出现小幅下滑，但英国仍是欧洲地区的领头羊，在全球排名第四，在112笔交易中融资11亿美元。欧洲正在积极进行多元化发展，尽管送餐服务仍然是英国和欧洲势头正旺的行业，但在其他领域欧洲同样拥有领先的初创公司，在新型农业系统、替代蛋白质、农业金融科技和农业综合市场等领域多有建树。在非洲地区，许多在此开展业务的初创公司总部都设在英国，2019年该地区领域内投资额翻了一番，这主要是源于来自尼日利亚的金融科技初创公司Opay获得的大量投资。对于拉丁美洲的农业食品技术领域而言，2019年亦是强劲的一年。该地区融资14亿美元，同比增长32%，这超过了该地区2017年整个风投行业的融资额。虽然由软银牵头，哥伦比亚云零售基础设施初创公司Rappi获得的10亿美元巨额融资推动了地区融资总额的增长，但这一年的交易数量也有明显增加，比2018年增加了40%。

2019年，农业食品技术领域的投资者比以往任何时候都更加多元化，多面投资者、全球和企业投资者在这个领域内进行了大量投资。《报告》所示领域内投资者榜单包括更多的多面投资者和更少的专门投资（农业食品技术领域）者就很好地说明了这一现象。随着可持续发展成为21世纪的大趋势，农业科技和食品科技不再是风投界中受人嫌弃的领域。

6.1.3 世界农业巨头发展集锦

（1）百威英博（ABInbev）

百威英博（ABInbev）是全球领先的酿酒制造商，是全球三大消费品公司之一，总部位于比利时鲁汶，成立于1876年。百威旗下经营的500多个啤酒品牌包括全球旗舰品牌百威啤酒、科罗娜啤酒、时代啤酒和米凯罗啤酒，跨国品牌贝克啤酒、城堡啤酒、Castle Lite、福佳啤酒和乐飞啤酒，以及本土明星品牌Aguila、Antarctica、Bud Light、Brahma、Cass、Chernigivske、Cristal、哈尔滨啤酒、Jupiler、Klinskoye、Michelob Ultra、Modelo Especia、Quilmes、Victoria、雪津啤酒、Sibirskaya Korona和Skol。百威的酿造传统可追溯至600多年前，横跨各大洲。从比利时鲁汶Den Hoorn酒厂的欧洲起源，到美国圣路易斯市Anheuser & Co啤酒公司的开拓精神；从约翰内斯堡淘金热期间创建的南非城堡酿酒厂，到巴西首家酿酒厂Bohemia。公司业务遍及全球50个国家和地区，拥有员工约20万名，多元化的业务版图和在成熟及新兴市场的均衡发展，使百威得以发挥综合优势。根据2019年统计，百威总收入达523.3亿美元（不包括合资企业和关联企业）。

2019年5月30日，公司完成收购中国捷成饮料65%的注册资本。捷成集团是1895年成立的一家船运代理机构，在大中华区市场已经深耕120余年。如今，已发展成为一家专注于市场营销、分销及投资的集团企业，广泛涉猎包括饮料、消费品、工业、汽车、物流及捷成资本在内的多个商业领域。对本地市场的深刻解读及领先行业的专业化知识，使其专注于为来自世界各地的商业伙伴提供中国市场开拓的有效途径。

2019年9月30日，百威英博旗下百威亚太（01876.HK）正式在港交所挂牌上市，开盘报27.4港元，较发行价27港元高开1.48%，发行规模为14.52亿股。百威亚太的招股书显示，公司是亚太地区最大且快速成长的啤酒公司。2018年公司是以亚洲为基地的啤酒公司中利润最高的一家，在中国以啤酒销售额计排名第一，并以啤酒销售额及啤酒销量计在快速增长的高端及超高端类别合计排名第一。

2019年11月12日，百威宣布完成对精酿啤酒商Craft Brew Alliance的全部收购。早前百威拥有后者31.2%的股份，现在决定收购剩余68.8%，每股支付16.5美元现金。这笔交易预计估值在3.21亿美元左右，于2020年完成全部收购。Craft Brew Alliance（以下简称CBA）成立于2008年，是在美国市场份额相对较大的精酿啤酒联合公司，在美国50个州及全球30个国家均有售，2018年CBA位列美国最大啤酒制造商规模排名的第12名。目前该集团旗下有5个啤酒品牌，包括1984年成立的WIDMER BROTHERS、在美国本土较为出名的Kona Brewing等。

（2）德国拜耳（BAYER）

德国拜耳（BAYER）成立于1863年，总部位于勒沃库森，高分子、医药保健、化工及农业是拜耳四大支柱产业。其中，在医药保健和农业领域尤其具有核心竞争力。1863年8月1日，染料推销员Friedrich Bayer和染匠Johann Friedrich Weskott合作创立了拜耳的前身Friedr. Bayer et comp.；1881年，拜耳转型为股份制公司，为扩张奠定了经济基础；1912年，正式设立总部于勒沃库森。2000—2010年，拜耳的全新子公司——拜耳医药保健、拜耳作物科学及拜耳材料科技相继创立；2005年分拆了朗盛集团，2006年收购了先灵集团。2014年收购Algeta，增强了其肿瘤业务。2015年，子集团材料科技成为一家独立公司，名称变更为科思创。在2019年，拜耳的员工人数约为103824名，销售额为435亿欧元，资本支出为29亿欧元，研究开发投入为53亿欧元。

拜耳与中国的联系可以追溯到1882年。起初，拜耳依靠德国贸易行和位于通商口岸的当地贸易组织将拜耳的产品从销售中心点引入中国各个省份。后来分别于1913年和1916年首次尝试在上海建立独立的公司Firma Friedrich Bayer & Co.和拜耳药品无限公司。1986年，拜耳在北京和上海分别成立了代表处和联络处。1993年，拜耳与原化工部签署了全面合作协议，从而为拜耳拓展在中国的业务活动奠定基础。一年后，拜耳（中国）有限公司作为控股公司在北京成立。2001年，拜耳在上海化学工业区建设的一体化聚合物基地正式破土动工。2019年，拜耳在大中华区的销售额达到37.24亿欧元。截至2019年12月，拜耳在大中华区拥有超过9000名员工,在华投资建立了11个生产型企业,主要分布在北京、上海、南京、成都、无锡、青岛等地。

2018年6月7日,拜耳成功完成对孟山都的收购。自此拜耳将是孟山都公司的唯一股东。因此孟山都公司的股票不会再在纽约证券交易所交易,其股东获得每股128美元的现金,摩根大通(J.P. Morgan)协助拜耳支付购买价款。收购孟山都是拜耳历史上最大的一笔交易之一。根据美国司法部批准所附条件的要求,孟山都与拜耳的合并将于拜耳完成向巴斯夫的业务剥离后开始。

2019年2月27日,绿色发展能力提升行动计划(以下简称"拥抱绿色")签约仪式在农业农村部举行。"拥抱绿色"项目是由拜耳作物科学(中国)有限公司和全国农技中心联合主办的一项大型公益性培训项目,也是中德农业合作框架下的一个重要议题。项目立足中国农业绿色发展、高质量发展的新要求,针对中国农业发展的关键主体——基层农业管理及技术推广人员、新型农业生产经营主体、农业社会化服务组织及合作社带头人在绿色发展能力上的不足和欠缺,结合各地农业主导产业发展实际需要,提升学员在绿色农业政策理念、专业技术、个体发展等方面的能力水平,同时引入国际农业可持续发展的最新理念、标准、技术和实践。项目实施时长为5年(2019—2023年),将覆盖所有省(自治区、直辖市)。

2019年9月25日,拜耳作物科学与蚂蚁区块链在杭州签署战略合作意向书,致力于提供可溯源的、数字化技术赋能的农产品监测与服务体系,提升农民种植水平,促进农民增产增收,为消费者提供优质安全的农产品,助力整个农业产业链升级。合作将使拜耳在农业方面全球领先的产品、产业链资源和全球领先的数字化农业种植和农艺技术,与蚂蚁金服业界领先的区块链技术及强大的营销、物流和金融资源相结合,通过实现种植生产过程数据化,共建农业区块链和价值链新生态。

(3)以色列耐特菲姆集团(NETAFIM)

以色列耐特菲姆有限公司(NETAFIM)于1965年成立于以色列内盖夫沙漠的一个基布兹社区——哈兹里姆(Kibbutz Hatzerim),是滴灌技术的发明者,同时也是全球最大的滴灌设备生产厂家、灌溉系统和现代农业系统公司之一。至今已有50年的全球生产和销售历史。在过去的50年间,耐特菲姆生产了1500亿支滴头,产品销售和服务遍及70多个国家和地区,占灌溉市场总销售量的70%。目前在全球拥有29家子公司，17家工厂，近5000名员工，在20多个国家设立了办事处并在110个国家开展业务。作为全球灌溉领域的核心成员，耐特菲姆公司致力于提供革新农业解决方案，提高农作物的产量并提升灌溉水的有效利用率以节约水资源。现今，全球有超过1000万公顷的土地正在使用来自耐特菲姆的滴灌系统。

1995年耐特菲姆来到中国，目前在上海、广州、北京有三个管理办公室，在潍坊、银川、西安、成都、昆明、南宁、海口等多地设有区域办公室，已建成现代化灌溉项目200多个，广泛分布在全国20多个省份。其中新疆的棉花地埋滴灌、广西甘蔗地埋滴灌、重庆柑橘山地灌溉等项目都是由耐特菲姆率先研发推出并得到大面积推广应用。目前耐特菲姆中国团队有将近200名成员，其中超过半数为专业农艺、设计、技术及客服人员。

2016年3月29日，耐特菲姆在宁夏回族自治区银川市正式投产的全球第17家工厂——银川国际工厂试运营。该项目带动全区节水灌溉技术及产品升级换代，同时，耐特菲姆公司承诺全套输出水肥一体化、智能控制及低流量技术等配套技术。

2017年10月31日，耐特菲姆公司与新西兰林肯农业科技有限公司（Lincoln Agritech）签署了战略合作协议，共同致力于专业灌溉设计软件IRRICAD在中国市场的开发与推广。IRRICAD是由林肯农业灌溉工程师在1988年开发的一款适用于所有压力灌溉系统的设计工具，在全球专业灌溉系统设计软件中处于领先地位。

2019年2月16日，耐特菲姆发布耐碧特（NetBeat）。耐碧特是耐特菲姆开发的全新一代数字农场管理平台，是搭载了耐特菲姆近50年农艺经验的作物模型，能够实时跟进作物的生长阶段，提供灌溉及施肥建议，同时根据实际作物的反映进行灌溉策略的调整。该平台硬件采用以色列顶尖的软硬件创新技术，软件由40多名顶尖科技公司的工程师通力合作，历经3年研发而成，确保了该平台极高的稳定性及可靠性。

6.1.4　2019年世界典型农业产业投资案例

案例一：

2019年4月10日，Third Rock Ventures投资食大夫（Food Doctor）525万美元（见表6-1）。

Third Rock Ventures注册地在美国，是一家专注于大健康行业的风险投资机构，总部也设在美国，目前旗下风险投资基金及众筹平台资金管理规模超过38亿美元，在全球各个重要城市设有办公室。2015—2018年连续三年获得美国国家大健康产业投资基金排名前三，Third Rock倾向于寻找并长期投资具有颠覆性技术的大健康企业。

食大夫注册地在中国香港，是一家创新健康食品研发商，致力于在健康食品领域打造全球首个"药食同源"健康餐，产品包括其研发的皮塔饼、超级零食分享袋、添加小麦纤维和小麦胚芽制成的包装、Goodness Pots等。

表6-1　食大夫获得投资的情况

投资时间	投资方	被投公司	二级行业	运营主体所在地	投资轮次	投资阶段	投资金额（百万美元）
2019年4月	Third Rock Ventures	食大夫	食品制造业	香港	创业投资	—	5.25

数据来源：私募通，西部发展研究院整理，2020年9月。

案例二：

2019年7月11日，Tuatara Capital投资Demetrix公司3500万美元（见表6-2）。

Tuatara Capital注册地在美国纽约，于2014年1月1日成立，是一家投资管理公司。Tuatara致力于投资合法的大麻产业，该公司目前管理着超过3.3亿美元的大麻相关资产。Tuatara坚持以伙伴关系为核心投资理念，与管理团队合作，为所投公司提供战略、财务和运营等方面服务。

Demetrix注册地在美国，成立于2015年1月1日，是一家美国大麻素生产生物技术研发商。Demetrix采用行业领先的发酵技术，加速大麻素的生产。Demetrix正致力于通过使用面包酵母以高质量、高纯度和低成本持续、高效地生产大麻素。

表6-2　Demetrix获得投资的情况

投资时间	投资方	被投公司	二级行业	运营主体所在地	投资轮次	投资阶段	投资金额（百万美元）
2019年7月	Tuatara Capital	Demetrix	农业种植	美国	创业投资	扩张期	35.00

数据来源：私募通，西部发展研究院整理，2020年9月。

案例三：

2019 年 11 月 29 日，Main Sequence Ventures 投资 v2food 公司 1225 万美元（见表 6–3）。

Main Sequence Ventures 是澳大利亚联邦科学与工业研究组织（Commonwealth Scientific and Industrial Research Organisation，CSIRO）创新基金的资本部门。CSIRO 是澳大利亚最大的国家级科研机构，前身是于 1926 年成立的科学与工业顾问委员会（Advisory Council of Science and Industry）。

v2food 位于澳大利亚，成立于 2019 年 1 月 1 日，是一家澳大利亚植物性肉类替代品研发生产商。v2food 生产以植物为原料的肉类替代品，其外观、口感都与肉类相似，并且可以在不需要改变现有肉类生产流程的情况下，向制造商提供原材料。

表 6–3　　v2food 获得投资的情况

投资时间	投资方	被投公司	二级行业	运营主体所在地	投资轮次	投资阶段	投资金额（百万美元）
2019 年 11 月	Main Sequence Ventures	v2food	肉制品及副产品加工	澳大利亚	创业投资	种子期	12.25

数据来源：私募通，西部发展研究院整理，2020 年 9 月。

6.2　2019 年中国农业产业案例分享

6.2.1　VC/PE 投资案例

案例一：

2019 年 2 月 15 日，广东省农业供给侧结构性改革基金管理有限公司投资湛江国联水产开发股份有限公司 3.00 亿元（见表 6–4）。

湛江国联水产开发股份有限公司位于中国广东省湛江市，成立于 2001 年，通过构筑种苗、饲料、养殖、加工及销售纵向一体化产业链专注于水产行业，现发展成为集育苗、工厂化养殖、饲料、海洋食品加工、国内国际贸易、水产科研为一体的全产业链跨国集团企业。公司率先在水产行业推行"2211"电子化监管模式，对虾和罗非鱼拥有 BAP 四星认证；位于美国加州的全资子公司 S.S.C.INC，在美国水产行业中位列前茅。2010 年 7 月 8 日，公司在深圳证券交易所正式挂牌上市，股票代码：300094。

表 6-4　　　　　　　　　　国联水产获得投资的情况

投资时间	投资方	被投公司	二级行业	运营主体所在地	投资轮次	投资阶段	投资金额（百万元）	持股比例（%）
2019 年 2 月	广东省农业基金	国联水产	渔业	广东	上市定增	成熟期	300.00	44.36

数据来源：私募通，西部发展研究院整理，2020 年 9 月。

案例二：

2019 年 3 月 15 日，江苏省农垦农业发展股份有限公司投资金太阳粮油股份有限公司 1.14 亿元（见表 6-5）。

金太阳粮油股份有限公司位于中国江苏省南通市，成立于 1996 年 12 月 23 日，是一家集研发、生产、销售为一体的食用植物油企业。公司以葵花籽油、玉米油、橄榄油、亚麻籽油等中高端非转基因食用油为主线，目前产品结构以葵花籽油、菜籽油为主，调和油、玉米油、橄榄油等其他油品为辅，现拥有"葵王""金太阳""地中海皇后"等多个品牌。公司生产的一级葵花籽油是福临门、鲁花、西王等国内十大知名品牌优选供应商，公司同时是中粮、恒大、中储粮等企业 OEM 战略合作企业。2016 年 4 月 22 日，经全国中小企业股份转让系统有限责任公司同意在新三板挂牌，股票代码：837129，转让方式为集合竞价转让。

表 6-5　　　　　　　　　　金太阳粮油获得投资的情况

投资时间	投资方	被投公司	二级行业	运营主体所在地	投资轮次	投资阶段	投资金额（百万元）	持股比例（%）
2019 年 3 月	苏垦农发	金太阳粮油	食品加工	江苏	新三板定增	成熟期	113.90	15.93

数据来源：私募通，西部发展研究院整理，2020 年 9 月。

案例三：

2019年4月4日，新华基金管理股份有限公司、陕西柳林酒业集团有限公司投资安徽金种子酒业股份有限公司3.76亿元（见表6-6）。

安徽金种子酒业股份有限公司是金种子集团的控股子公司，前身为阜阳县酒厂，始建于1949年7月。公司现有"金种子""醉三秋""种子""和泰""颍州"等白酒品牌。其中，"金种子""醉三秋"两个商标为中国驰名商标；"颍州佳酿"被商务部认定为"中华老字号"；"金种子"牌、"种子"牌、"醉三秋"牌、"颍州"牌系列白酒，为国家地理标志保护产品。金种子明代古窖池被列入安徽省重点文物保护单位，"醉三秋酒传统酿造技艺"入选安徽省第四批省级非物质文化遗产名录。

表6-6　　金种子酒获得投资的情况

投资时间	投资方	被投公司	二级行业	运营主体所在地	投资轮次	投资阶段	投资金额（百万元）	持股比例（%）
2019年4月	新华基金管理 陕西柳林酒业	金种子酒	农业加工	云南	创业投资	成熟期	376.42	10.13

数据来源：私募通，西部发展研究院整理，2020年9月。

案例四：

2019年6月16日，基石资产管理股份有限公司投资云南神农农业产业集团股份有限公司9000万元（见表6-7）。

云南神农农业产业集团股份有限公司是农业部等八部委评定的农业产业化国家重点龙头企业，也是云南省的金种子企业，成立于1999年8月9日。公司聚焦生猪产业链的建设和发展，形成了集饲料加工、生猪养殖、生猪屠宰和生鲜猪肉食品销售等业务为一体的完整生猪产业链。集团拥有下属全资子公司20个，经营中的猪场共有14个，其中种猪场4个、保育育肥场10个、一体化猪场（兼有种猪和保育及育肥猪养殖）3个。2019年营业收入达17亿元，是云南省规模较大的生猪养殖和屠宰加工企业。

表6-7　神农集团获得投资的情况

投资时间	投资方	被投公司	二级行业	运营主体所在地	投资轮次	投资阶段	投资金额（百万元）	持股比例（%）
2019年6月	基石资本	神农集团	农业加工	云南	创业投资	成熟期	90.00	13.06

数据来源：私募通，西部发展研究院整理，2020年9月。

案例五：

2019年7月12日，中国华融资产管理股份有限公司投资吉林森林工业股份有限公司1.08亿元（见表6-8）。

吉林森林工业股份有限公司位于中国吉林省长春市，成立于1998年9月29日，系经吉林省人民政府吉政函〔1998〕47号文批准，由中国吉林森林工业集团有限责任公司独家发起、采用社会募集方式成立的股份有限公司，是以森林培育和林木采伐为基础，以刨花板生产与销售为主导，以科技开发为动力，林工贸结合、产销一体化的现代化大型森工企业。公司于1998年在上海证交所上市，股票代码：600189，注册资本现为5.51亿元，现拥有泉阳泉饮品公司、苏州园区园林工程公司、北京霍尔茨门业公司等11家专业分子公司，分布在吉林、江苏、北京、广东、上海等地区。

表6-8　吉林森工获得投资的情况

投资时间	投资方	被投公司	二级行业	运营主体所在地	投资类型	投资阶段	投资金额（百万元）	持股比例（%）
2019年7月	中国华融	吉林森工	林业	吉林	成长资本	成熟期	107.89	3.45

数据来源：私募通，西部发展研究院整理，2020年9月。

6.2.2　上市案例

案例一：

2019年2月18日，江苏立华牧业股份有限公司在深圳证券交易所上市，发行股票4128万股，每股发行价29.35元，共募集资金金额12.12亿元（见表6-9）。

江苏立华牧业股份有限公司（原江苏立华牧业有限公司）成立于1997年6月，是一家集科研、生产、贸易于一身，以草鸡养殖为主导产业的一体化农业企业，是国家级农业产业化重点龙头企业、国家级农业标准化示范区。公司总注册资本40388万元，总资产近86亿元。下设全资子公司近50家，范围覆盖江苏、安徽、浙江、山东、广东、河南、四川、湖南、贵州、江西10个省份。公司与多家科研院所、高校合作，2004年共建江苏省优质禽工程技术研究中心，2007年成立江苏省农科院立华家禽研究所，2010年先后设立（扬州大学）研究生工作站和（吴常信）院士工作站，2012年获得江苏省博士后创新实践基地授牌。2011年公司与君联资本（联想控股旗下）合作，引进外资3000万美元；同年，新增养猪产业板块，并于2013年1月实现首批商品猪上市。2015年7月改制为江苏立华牧业股份有限公司。2019年2月18日，公司正式在深交所挂牌上市，股票简称"立华股份"，股票代码：300761，是江苏省首家上市的畜禽养殖企业、常州市首家上市的农业企业。

表6-9　　　　　　　　　　　立华牧业上市情况

上市时间	上市公司	上市地点	二级行业	运营主体所在地	筹资额（百万元）	发行市盈率（%）	是否VC/PE支持
2019年2月	立华牧业	深圳证券交易所	畜牧业	江苏	1211.57	—	是

数据来源：私募通，西部发展研究院整理，2020年9月。

案例二：

2019年5月8日，有友食品股份有限公司在上海证券交易所上市，发行股票7950万股，每股发行价7.87元，共募集资金金额6.26亿元（见表6-10）。

有友食品股份有限公司注册地在中国重庆市渝北区，于2007年5月25日成立。其主营业务为泡卤风味休闲食品的研发、生产和销售，经过多年业务发展已逐步形成以泡椒凤爪、卤香火鸡翅等肉制品为主，豆干、花生、竹笋等非肉制品为辅的泡卤风味休闲食品系列，其中泡椒凤爪为公司的主导产品，报告期内销售占比达75%左右，在该细分市场占有率超过20%，具有较高的品牌知名度和市场影响力。"有友及图"于2012年4月被国家工商行政管理总局商标局认定为中国驰名商标。公司总部所在的川渝地区是泡椒凤爪的发源地和主要消费地，泡椒凤爪已成为当地旅游、馈赠、佐餐的习惯性选用食品，并已内化为当地美食消费文化的重要组成部分。

有友食品股份有限公司前身是1997年成立的有友食品开发有限公司，法人代表为鹿有忠。2014年11月，有友食品在新三板正式挂牌；2017年5月，因为"合格投资者数量不足 50 人"问题，有友食品由新三板创新层降到基础层；2018 年 8 月 20 日，有友食品发布公告称，根据公司战略发展规划，经考虑，有友食品董事会和股东大会审议通过申请终止挂牌的议案，拟向全国股转公司申请终止挂牌；2018 年 8 月 21 日，有友食品在全国股转系统终止挂牌。2018 年 10 月 10 日，有友食品股份有限公司首次公开发行（IPO）申请获证监会发审委通过。2019 年 5 月 8 日，有友食品在上海证券交易所挂牌上市，股票代码：603697。

表 6-10 有友食品上市情况

上市时间	上市公司	上市地点	二级行业	运营主体所在地	筹资额（百万元）	发行市盈率（%）	是否 VC/PE 支持
2019 年 5 月	有友食品	上海证券交易所	食品制造业	重庆	625.67	13.92	是

数据来源：私募通，西部发展研究院整理，2020 年 9 月。

案例三：

2019 年 11 月 13 日，中国飞鹤有限公司在上海证券交易所上市，发行股票 89334 万股，每股发行价 7.5 港币，共募集资金金额 67.00 亿港币（见表 6-11）。

中国飞鹤有限公司注册地在开曼群岛，于 2012 年 10 月 26 日成立，迄今已有 50 余年专业乳品制造历史，是中国最早的奶粉生产企业之一。飞鹤主营业务为婴幼儿奶粉的研发和生产制造，用 10 年时间，实现了从源头牧草种植、规模化奶牛饲养到生产加工、物流仓储、渠道管控乃至售后服务各个环节的全程可控，形成飞鹤乳业独有的全产业链模式；旗下拥有星飞帆、超级飞帆、飞帆等系列产品，是拥有最完整全产业链的婴幼儿奶粉企业，并创造了 50 余年的安全生产纪录。

中国飞鹤有限公司始建于 1962 年，其前身为黑龙江省农垦总局下属的赵光农场老八连乳品厂。2001 年，冷友斌等人持"飞鹤"品牌转至齐齐哈尔克东县，成立黑龙江飞鹤乳业有限公司；2009 年，成为我国第一家在美国纽交所主板上市的婴幼儿奶粉企业，2013 年通过私有化退市；2014 年 11 月，联手哈佛大学医学院 BIDMC 医学中心成立"飞鹤—哈佛大学医学院 BIDMC 营养实验室"；2016 年，飞鹤在加拿大成立 Canada Kingston Dairy 及 Canada Royal Milk，拟在加拿大安大略省金斯顿建设羊奶及牛奶婴幼儿配方奶粉生产设施。2019 年 11 月 13 日，公司正式在香港证券交易所挂牌上市，股票代码：06186。

表6–11　　　　　　　　　　　中国飞鹤上市情况

上市时间	上市公司	上市地点	二级行业	运营主体所在地	筹资额（百万港币）	发行市盈率（%）	是否VC/PE支持
2019年11月	中国飞鹤	香港证券交易所	食品制造业	北京	6700.05	—	是

数据来源：私募通，西部发展研究院整理，2020年9月。

6.2.3 并购案例

案例一：

2019年1月23日，周大福投资有限公司成功受让云南景谷林业股份有限公司25%股权，作价10.57亿元（见表6-12）。

周大福投资有限公司位于中国湖北省武汉市，成立于2016年9月14日，经营范围包括：（一）在中国政府鼓励和允许外商投资领域依法进行投资；（二）受其所投资企业的书面委托（经董事会一致通过）向其所投资企业提供服务；（三）在中国境内设立科研开发中心或部门，从事新产品及高新技术的研究开发，转让其研究开发成果并提供相应的技术服务；（四）为其投资者提供咨询服务，为其关联公司提供与其投资有关的市场信息、投资政策等咨询服务；（五）承接外国公司和其母公司之关联公司的服务外包业务；（六）从事公司及其关联公司、子公司生产产品的进出口、批发、佣金代理（拍卖除外），并提供相关配套服务。

云南景谷林业股份有限公司位于中国云南省普洱市景谷傣族彝族自治县，成立于1999年3月9日，经营范围包括：经营本企业自产的脂松香、脂松节油、α 蒎烯、β 蒎烯等林产化工系列产品及相关技术的出口业务；经营本企业生产科研所需原辅材料、机械设备、仪器仪表、零配件及相关技术的进口业务，林产化工产品制造（不含管理商品），人造板，森林资源培育，木材采运、加工，林业技术开发研究，畜牧业，现已形成集森林资源培育、木材采运、人造板生产、林产化工为一体的集约化经营格局。公司于2000年8月在上海证券交易所上市，股票代码：600265。

表6–12　　　　　　　　　　　景谷林业被并购的情况

并购时间	并购方	被并购方	二级行业	被并购方所在地	并购金额（百万元）	股权（%）	是否VC/PE支持
2019年1月	周大福投资	景谷林业	林业	云南	1056.90	25.00	否

数据来源：私募通，西部发展研究院整理，2020年9月。

案例二：

2019年4月4日，中信农业科技股份有限公司成功受让中信兴业投资集团有限公司、中信建设有限责任公司持有的袁隆平农业高科技股份有限公司15.34%的股权，作价27.05亿元（见表6–13）。

中信农业科技股份有限公司位于中国北京市，成立于2014年12月15日，注册资本100000万元人民币，经营范围包括：农业技术开发、技术转让、技术咨询、技术培训、技术服务；农业及生物产业项目投资、投资管理；农业服务。

袁隆平农业高科技股份有限公司位于中国湖南省长沙市，成立于1999年6月30日，是由湖南省农业科学院、湖南杂交水稻研究中心、袁隆平院士等发起设立、以科研单位为依托的农业高科技股份有限公司。公司以杂交水稻为核心，以种业为主营业务方向，经营范围包括：以水稻、玉米、蔬菜为主的高科技农作物种子、种苗的生产、加工、包装、培育、繁殖、推广和销售；新型农药、化肥的研制、推广、销售，农副产品优质深加工及销售；提供农业高新技术开发及成果转让、农业技术咨询、培训服务等。

表6–13　　隆平高科被并购的情况

并购时间	并购方	被并购方	二级行业	被并购方所在地	并购金额（百万元）	股权（%）	是否VC/PE支持
2019年4月	中信农业	隆平高科	农业种植	湖南	2704.70	15.34	否

数据来源：私募通，西部发展研究院整理，2020年9月。

案例三：

2019年9月10日，成都三泰控股集团股份有限公司成功受让李家权、四川龙蟒集团有限责任公司持有的龙蟒大地农业有限公司的100%的股权，作价35.57亿元（见表6–14）。

成都三泰控股集团股份有限公司位于中国四川省成都市，总部位于成都市金牛区高科技产业园区，成立于1997年5月20日，拥有占地近50亩、建筑面积近1万平方米集研发、生产、办公于一体的智能化和生态型三泰科技园产业基地。2005年12月，经四川省人民政府批准，整体变更为股份有限公司。经营范围包括：生产、销售商用密码产品；安全技术防范；第二类增值电信业务中的呼叫中心业务。

龙蟒大地农业有限公司位于中国四川省德阳市绵竹市，成立于2014年2月10日，主要经营范围为：谷物种植；销售化肥、饲料及饲料添加剂、初级农副产品；农业技术推广服务；生产、销售盐酸、复合肥料、掺混肥料、有机—无机复混肥料、复混肥料、有机肥料、微生物肥料、水溶肥料、磷肥、钾肥、氯化钙；货物或技术进出口。

表6-14　　　　　　　　　　龙蟒大地被并购的情况

并购时间	并购方	被并购方	二级行业	被并购方所在地	并购金额（百万元）	股权（%）	是否VC/PE支持
2019年9月	三泰控股	龙蟒大地	农业	四川	3557.00	100.00	是

数据来源：私募通，西部发展研究院整理，2020年9月。

6.2.4　大型机构涉足农业的案例

案例一：

2019年1月1日，招商局资本进行了一项在食品加工行业1.5亿元的不公开投资。

招商局资本投资有限责任公司成立于2012年，注册资本20亿元。招商资本国内运营总部设在深圳，国际运营总部设在香港，原为招商局集团的重要子企业。2019年通过引进战略投资人，推进混合所有制改革，现为招商局集团与普洛斯的联营公司，专门从事另类投资与资产管理业务。截至2019年底，招商资本管理总资产约2700亿元（见表6-15）。招商资本拥有跨国大型投资的经历和经验，重点投资领域包括：（一）战略行业：基础设施（道路、港口等）、装备机械、金融服务、房地产；（二）其他重点关注行业：高科技、农业食品、医疗医药、文化传媒、矿业、能源等。

表6-15　　　　　　　　　招商局资本涉足农业的情况

成立时间	公司简称	运营主体所在地	机构类型	管理资金（百万元）	投资地域	投资领域
2019年1月10日	招商局资本	北京	PE	270000.00	北京	食品加工

数据来源：私募通，西部发展研究院整理，2020年9月。

案例二：

2019年4月4日，新华基金管理股份有限公司投资安徽金种子酒业股份有限公司2.9亿元。

新华基金管理股份有限公司于2004年12月9日获准成立（见表6-16）。目前，公司注册资本为2.175亿元，注册地在重庆市，经营管理中心位于北京市。公司主要股东有恒泰证券股份有限公司、新华信托股份有限公司等。2013年4月，公司设立了全资子公司"深圳新华富时资产管理有限公司"（后更名为"北京新华富时资产管理有限公司"）。公司旗下公募基金产品44只，涵盖了股票型、混合型、债券型、货币型等多种产品类型。截至2018年底，公司公募基金规模达到400亿元，形成直销、银行、券商、三方等销售渠道多元化格局。

表6-16　　　　新华基金涉足农业的情况

成立时间	公司简称	运营主体所在地	机构类型	管理资金（百万元）	投资地域	投资领域
2004年12月9日	新华基金	重庆	N/A	40000.00	安徽	饮料制造业

数据来源：私募通，西部发展研究院整理，2020年9月。

案例三：

2019年9月10日，广东温氏投资有限公司投资广州麦芽有限公司7000万元。

广东温氏投资有限公司于2011年4月21日在珠海横琴新区注册成立（见表6-17），注册资本1.2亿元，是广东温氏食品集团股份有限公司（证券简称"温氏股份"；证券代码：300498）旗下从事资本投资业务及资本运营业务的专业化投资平台。温氏投资以温氏股份为产业依托，主要业务包括PE/VC投资、发起设立股权投资基金/产业投资基金、证券投资及期货投资、金融资产投资等，以覆盖农业食品、文化娱乐、现代服务的大消费领域和覆盖生物医药、医疗器械、医疗服务的大健康领域为重点投资方向。同时，温氏投资承担着温氏股份的资本运作和产业并购职能。

表6-17　　　　温氏投资涉足农业的情况

成立时间	公司简称	运营主体所在地	机构类型	管理资金（百万元）	投资地域	投资领域
2011年4月21日	温氏投资	广东	PE	8700.00	广东	其他食品加工

数据来源：私募通，西部发展研究院整理，2020年9月。

附 录

附录1　农业产业定义及分类

按国家统计局发布的国民经济行业分类（GB T4754-2011），农业产业主要集中于门类 A 的"农林牧渔业"和 C 大类中 13—15，以及 35 "专用设备制造业"中的 353 "食品、饮料、烟草及饲料生产专用设备制造"和 357 "农林牧渔专用机械制造"中。按统计局发布的行业标准，本报告所研究的农业产业主要包括两个一级行业：农林牧渔业和制造业；涉及农业、林业、畜牧业、渔业和农林牧渔服务业，农副食品加工业，食品制造业，酒、饮料和精制茶制造业及专用设备制造业等二级行业。

农业产业定义

一级分类	二级分类	举例说明
农林牧渔业	农业	谷物种植，豆类、油料和薯类种植，棉、麻、糖、烟草种植，蔬菜、食用菌及园艺作物种植，水果种植，坚果、含油果、香料和饮料作物种植，中药材种植，以及其他农业
	林业	林木育种和育苗，造林和更新，森林经营和管护，木材和竹材采运，林产品采集
	畜牧业	牲畜饲养，家禽饲养，狩猎和捕捉动物，以及其他畜牧业
	渔业	水产养殖，水产捕捞
	农林牧渔服务业	农业服务业：是对农业生产活动进行的各种支持性服务，但不包括各种科学技术和专业技术服务，主要指农业机械服务、灌溉服务、农产品初加工服务、其他农业服务等 林业服务业：是为林业生产服务的病虫害防治、林地防火等各种辅助性活动，主要指林业有害生物防治服务、森林防火服务、林产品初级加工服务、其他林业服务 畜牧业服务：提供牲畜养殖、圈舍清理、畜产品生产和初级加工等服务 渔业服务：对渔业生产活动进行的各种支持性服务，包括鱼苗及鱼种场、水产良种场和水产增殖场等进行的活动

续表

一级分类	二级分类	举例说明
制造业	农副食品加工业	谷物磨制，饲料加工，植物油加工，制糖业，屠宰及肉类加工，水产品加工，蔬菜、水果和坚果加工，其他农副食品加工
	食品制造业	培烤食品制造，糖果、巧克力及蜜饯制造，方便食品制造，乳制品制造，罐头食品制造，调味品、发酵制品制造，其他食品制造
	酒、饮料和精制茶制造业	酒的制造，饮料的制造，精制茶加工
	专用设备制造业	食品、饮料、烟草及饲料生产专用设备制造，农林牧渔专用机械制造，以及农林牧渔专用仪器仪表制造等

数据来源：国家统计局，西部发展研究院整理，2020年9月。

附录2 本报告投资统计数据对农业产业分类

本报告在讨论中国农业产业的投资、上市、并购等数据时，综合国家统计局分类标准，并结合中国 VC/PE 的投资特点，重新将农业产业进行分类，主要分为农业（种植业）、林业、畜牧业、渔业、农资、农产品及食品加工和其他几个行业。

本报告投资统计数据对农业产业分类

行业	分类	细分领域
农业产业	农业（种植业）	农作物的育种、种植
	林业	林木育苗、育种，林地的种植、维护以及林产品的采集
	畜牧业	为获得禽畜产品而进行的动物饲养和捕捉，如猪、牛、羊、鸡、鸭、鹅等的养殖（包括蛋业）等
	渔业	水产养殖和捕捞
	农资	农药、化肥
	农产品及食品加工	农产品和食品的加工、制造以及饮料的制造等
	其他	农产品流通以及其他农业类的相关服务等

数据来源：公开资料，西部发展研究院整理，2020年9月。

附录3 2019年农业领域并购案例汇总

并购方	被并购方	行业	地区	并购结束时间	币种	并购金额（百万）	股权（%）	是否VC/PE支持
德展健康	素麻生物	农业种植	中国|云南省|昆明市	2019-12-31	RMB	100.00	20.00	是
光明地产	东平小镇农场	农业种植	中国|上海市|崇明县	2019-12-30	RMB	70.00	70.00	否
温氏股份	京海禽业	畜牧业	中国|江苏省|南通市|海门市	2019-12-27	RMB	640.00	80.00	是
双博汇金	新赛油脂	食品加工	中国|新疆|塔城地区|乌苏市	2019-12-27	RMB	—	100.00	否
华统股份	正康禽业	畜牧业	中国|浙江省|金华市|义乌市	2019-12-27	RMB	—	30.00	是
甘肃皇台酒业	盛达皇台	酒制造	中国|甘肃省	2019-12-27	RMB	—	100.00	否
洛阳正大食品	民正农牧	畜牧业	中国|河南省|洛阳市	2019-12-24	RMB	—	4.57	否
傲农生物，许水根	建德鑫欣	畜牧业	中国|浙江省|杭州市	2019-12-20	RMB	61.00	80.00	否
华英农业	振华鸭业	肉制品及副产品加工	中国|河南省	2019-12-18	RMB	49.13	—	是
嘉美包装	华冠食品	饮料制造业	中国|四川省|资阳市	2019-12-17	RMB	70.00	—	否
华统股份	同壮农业	农业种植	中国|浙江省|杭州市	2019-12-13	RMB	1.02	51.00	是
华夏幸福	廊坊东科信	其他食品加工	中国|河北省|廊坊市	2019-12-11	RMB	23.35	—	是

续表

并购方	被并购方	行业	地区	并购结束时间	币种	并购金额（百万）	股权(%)	是否VC/PE支持
香雪制药	宝鼎公司	农业	中国|广东省|茂名市|化州市	2019-12-9	RMB	12.00	40.00	是
沃达农科	新疆讯农	农药及肥料	中国|新疆|石河子市	2019-12-6	RMB	—	100.00	否
永联农业	正邦生化	农药及肥料	中国|江西省|宜春市	2019-12-5	RMB	1313.70	100.00	是
华统股份	兰溪牧业	畜牧业	中国|浙江省|金华市	2019-11-26	RMB	21.00	100.00	是
先达股份	潍坊锐创化工	农药及肥料	中国|山东省|潍坊市|寒亭区	2019-11-23	RMB	100.00	—	是
安井食品	河南安井食品	食品加工	中国|河南省|安阳市|汤阴县	2019-11-20	RMB	100.00	—	否
农产品	云南天露	农业种植	中国|云南省|红河哈尼族彝族自治州|泸西县	2019-11-12	RMB	97.94	72.24	是
无锡建发	康欣新材	林业	中国|湖北省|武汉市	2019-11-11	RMB	430.68	6.41	是
上海梅林	光明农牧	畜牧业	中国|上海市|徐汇区	2019-10-31	RMB	223.86	41.00	否
新疆兵团六师国资	中基健康	农业种植	中国|新疆|乌鲁木齐市	2019-10-23	—	—	0.72	否
天邦股份	兴农发牧业	畜牧业	中国|浙江省|杭州市	2019-10-19	RMB	32.74	38.00	否
星湖科技	肇东星湖科技	畜牧业	中国|黑龙江省|绥化市|北林区	2019-10-15	RMB	150.00	—	否
创谷新材料	铜化集团	农药及肥料	中国|安徽省|铜陵市|狮子山区	2019-10-11	RMB	600.00	32.34	否
扬农化工	中化农研	农药及肥料	中国|辽宁省|沈阳市	2019-10-8	RMB	34.09	100.00	否
佳沃集团	万福生科粮油	食品制造业	中国|湖南省|常德市|桃源县	2019-9-27	RMB	46.11	100.00	是

续表

并购方	被并购方	行业	地区	并购结束时间	币种	并购金额（百万）	股权（%）	是否VC/PE支持
罗特克斯	双汇发展	肉制品及副产品加工	中国|河南省|漯河市	2019-9-26	RMB	39091.18	59.43	否
众兴菌业	五河众兴菌业	农业	中国|安徽省|蚌埠市|五河县	2019-9-23	RMB	150.00	—	是
新乳业	现代牧业	食品制造业	中国|香港	2019-9-20	RMB	709.15	9.28	否
圣元国际	艾倍特乳业	液体乳及乳制品制造	中国|黑龙江省|哈尔滨市|南岗区	2019-9-19	RMB	—	100.00	否
恒泰元	宁夏大地	农业	中国|宁夏|中卫市	2019-9-18	RMB	4.00	—	否
天马科技	天马饲料	农业加工	中国|福建省|福州市|福清市	2019-9-17	RMB	5.00	—	否
臻致食品	咸亨股份	食品制造业	中国|浙江省|绍兴市	2019-9-17	RMB	171.74	25.85	否
江山股份	利民农化	农药及肥料	中国|黑龙江省|哈尔滨市|呼兰区	2019-9-12	RMB	214.40	67.00	否
三泰控股	龙蟒大地	农业	中国|四川省|德阳市|绵竹市	2019-9-10	RMB	3557.00	100.00	是
新盛集团	维维股份	食品制造业	中国|江苏省|徐州市	2019-9-9	RMB	955.05	17.00	是
沃田农业	沃田食品	食品制造业	中国|江苏省|连云港市	2019-9-6	RMB	30.00	—	是
天味食品	天味家园	食品制造业	中国|四川省|成都市|郫县	2019-9-4	RMB	309.26	—	否
信庭至诚合伙	云图控股	农药及肥料	中国|四川省|成都市	2019-9-3	RMB	345.80	6.93	否
农友股份	盛泰农业	农业种植	中国|湖南省|娄底市	2019-9-3	RMB	4.80	—	否
千禾味业	恒康酱醋	其他食品制造业	中国|江苏省|镇江市	2019-8-29	RMB	150.23	100.00	否

续表

并购方	被并购方	行业	地区	并购结束时间	币种	并购金额（百万）	股权(%)	是否VC/PE支持
广州酒家	广酒粮丰园公司	食品制造业	中国|广东省|茂名市	2019-8-28	RMB	26.51	23.05	否
新圆沉香	沉香谷农林	农业种植	中国|广东省|惠州市|博罗县	2019-8-23	RMB	9.50	—	否
傲农畜牧投资	佑康农业	畜牧业	中国|福建省|厦门市	2019-8-23	RMB	142.51	51.00	否
汤臣倍健	汤臣佰盛	食品制造业	中国|广东省|广州市	2019-8-21	RMB	1400.00	46.67	是
佳木斯,方雁,王朝旭	恒源食品	食品加工	中国|黑龙江省|佳木斯市	2019-8-13	—	—	1.79	否
西麦食品	河北西麦	食品制造业	中国|河北省|保定市|定兴县	2019-8-12	RMB	20.00	—	否
西麦食品	江苏西麦	食品制造业	中国|江苏省|宿迁市	2019-8-12	RMB	20.00	—	否
伊利股份	Westland	食品制造业	新西兰	2019-8-1	NZD	243.77	100.00	否
新化股份	新化综服	农药及肥料	中国|浙江省|杭州市|建德市	2019-7-29	RMB	20.00	—	是
海利尔	凯源祥化工	农药及肥料	中国|山东省|青岛市|莱西市	2019-7-27	RMB	100.60	100.00	否
中合恒丰	荃银高盛	农业	中国|安徽省|合肥市	2019-7-18	RMB	5.10	51.00	否
海欣食品	长恒食品	水产品冷冻加工	中国|福建省|福州市|连江县	2019-7-17	RMB	44.58	100.00	否
金城医药	磐谷药源	农业种植	中国|浙江省|金华市|磐安县	2019-7-15	RMB	165.00	67.35	否
龙津药业	龙津农业	农业	中国|云南省|大理白族自治州|南涧彝族自治县	2019-7-11	RMB	13.65	100.00	否
新乳业	新希望白帝乳业	食品加工	中国|安徽省|合肥市|长丰县	2019-7-10	RMB	178.00	—	否

续表

并购方	被并购方	行业	地区	并购结束时间	币种	并购金额（百万）	股权（%）	是否VC/PE支持
安迪苏	安迪苏营养集团	农药及肥料	中国|香港	2019-7-10	RMB	3614.26	15.00	否
山东桑沙制衣	得利斯	食品加工	中国|山东省|潍坊市	2019-7-9	RMB	133.81	5.02	否
佩蒂股份	越南好嚼	食品制造业	越南	2019-7-5	USD	8.00	—	否
飞尚实业	盐城捷康	食品加工	中国|江苏省|盐城市|射阳县	2019-7-4	RMB	65.57	35.00	否
安井食品	华顺民生	水产品冷冻加工	中国|江苏省|无锡市|惠山区	2019-7-3	RMB	250.00	—	否
铁骑力士	圣迪乐村	其他食品制造业	中国|四川省|绵阳市	2019-7-2	—	—	0.01	是
冠农股份	冠农番茄	食品加工	中国|新疆|巴音郭楞蒙古自治州|和静县	2019-7-2	RMB	15.39	7.29	否
西科种业	阳光圣地生态农业	农林牧渔服务业	中国|四川省|绵阳市	2019-6-26	RMB	—	90.00	是
东百集团	湖北台诚食品	食品制造业	中国|湖北省|武汉市|黄陂区	2019-6-25	RMB	39.17	93.00	否
龙津药业	牧亚农业	农业	中国|云南省|昆明市	2019-6-19	RMB	8.00	51.00	否
华鑫商业	龙大肉食	肉制品及副产品加工	中国|山东省|烟台市	2019-6-14	RMB	1229.90	9.91	否
维维集团	贵州醇酒业	饮料制造业	中国|贵州省|黔西南布依族苗族自治州|兴义市	2019-6-5	RMB	275.00	55.00	否
傲农生物	吉安傲农	食品加工	中国|江西省|吉安市|泰和县	2019-6-5	RMB	63.00	—	否

续表

并购方	被并购方	行业	地区	并购结束时间	币种	并购金额（百万）	股权(%)	是否VC/PE支持
龙大肉食，李凯	振祥食品	食品加工	中国|山东省|潍坊市	2019-6-4	RMB	50.00	—	是
合众茂业	德御坊	酒制造	中国|北京市	2019-6-3	—	—	4.82	是
江平生物	江雅生物	农药及肥料	中国|西藏|山南地区	2019-6-3	RMB	—	40.00	否
天马科技	福建天马	食品加工	中国|福建省|福州市|福清市	2019-5-30	RMB	30.00	—	否
敦煌种业，临钦农业	上海敦煌农业	农业	中国|上海市	2019-5-25	RMB	32.00	—	否
傲农生物	映山红饲料	农业加工	中国|吉林省|吉林市|丰满区	2019-5-24	RMB	34.68	51.00	否
中信兴业	金徽酒	酒制造	中国|甘肃省|陇南市	2019-5-22	RMB	288.35	5.52	是
北京玖佰陆拾	绿安生物农药	农药及肥料	中国|福建省|南平市|浦城县	2019-5-22	RMB	2.22	10.00	否
国光股份	景宏生物	农药及肥料	中国|江苏省|连云港市|灌南县	2019-5-15	RMB	—	75.00	否
龙大肉食，牧原股份	龙大牧原	肉制品及副产品加工	中国|河南省|南阳市|内乡县	2019-5-9	RMB	50.00	—	否
广州浪奇	华糖食品	食品制造业	中国|广东省|广州市	2019-4-30	RMB	429.62	100.00	否
华统股份	临安深山坞里	食品加工	中国|浙江省|杭州市|临安市	2019-4-29	RMB	11.07	90.00	是
第六师国有资产监督管理委员会	国兴农业发展集团	农业	中国|新疆|五家渠市	2019-4-25	—	—	100.00	是

续表

并购方	被并购方	行业	地区	并购结束时间	币种	并购金额（百万）	股权(%)	是否VC/PE支持
伊利股份	Cremo可尔美	食品制造业	泰国	2019-4-25	USD	80.56	96.46	否
广西农村投资	南宁糖业	其他食品制造业	中国|广西|南宁市	2019-4-24	RMB	—	23.70	否
海森电子	天一合现代农业	农业	中国|河北省|唐山市	2019-4-15	RMB	19.50	—	否
圣农发展	欧圣农牧	畜牧业	中国|福建省|南平市	2019-4-11	RMB	55.00	49.00	否
圣农发展	圣农发展	农林牧渔服务业	中国|福建省|南平市	2019-4-11	RMB	359.00	49.00	否
中信农业	隆平高科	农业种植	中国|湖南省|长沙市	2019-4-4	RMB	2704.70	15.34	否
立华股份	阜阳立华	农业	中国|安徽省|阜阳市|颍东区	2019-3-29	RMB	410.00	—	否
立华股份	宿迁立华	农业	中国|江苏省|宿迁市|沭阳县	2019-3-29	RMB	50.00	—	否
立华股份	江苏兴牧	农业	中国|江苏省|常州市|金坛市	2019-3-29	RMB	410.00	—	否
立华股份	扬州立华	农业	中国|江苏省|扬州市|高邮市	2019-3-29	RMB	115.97	—	否
立华股份	自贡立华	农业	中国|四川省|自贡市	2019-3-29	RMB	70.00	—	否
立华股份	连云港立华	农业	中国|江苏省|连云港市	2019-3-29	RMB	30.00	—	否
康恩贝	云杏生物	农业加工	中国|云南省|红河哈尼族彝族自治州|泸西县	2019-3-26	RMB	90.00	100.00	否
弘德资产	神农科技	农业种植	中国|海南省|海口市	2019-3-22	RMB	1000.00	17.73	是
安徽六安市迎驾慈善基金会	迎驾贡酒	酒制造	中国|安徽省|六安市	2019-3-21	RMB	—	5.00	是

续表

并购方	被并购方	行业	地区	并购结束时间	币种	并购金额（百万）	股权(%)	是否VC/PE支持
海森电子	大沃农业	农业	中国|河北省|石家庄市	2019-3-19	RMB	25.00	—	否
苏垦农发	太阳股份	食品加工	中国|江苏省|南通市	2019-3-16	RMB	366.54	51.25	否
中巨资管	新亚快餐	食品制造业	中国|上海市|杨浦区	2019-3-14	RMB	6.77	100.00	否
凡熙食品	婴儿乐	其他食品制造业	中国|山东省|烟台市	2019-3-7	—	—	5.00	否
京粮控股	京粮田园	农业	中国|江苏省|徐州市|新沂市	2019-3-1	RMB	—	6.00	否
众兴菌业	五河众兴菌业	农业	中国|安徽省|蚌埠市|五河县	2019-2-27	RMB	30.00	—	是
内蒙古金融	蒙草生态	农业	中国|内蒙古|呼和浩特市	2019-2-26	RMB	326.99	5.59	否
福建天马	江西西龙	水产品冷冻加工	中国|江西省|上饶市|玉山县	2019-2-18	RMB	30.00	90.00	否
绿亨科技	北农绿亨	农药及肥料	中国	2019-2-15	RMB	66.20	92.44	否
绿亨科技	中科绿亨	农业	中国|北京市|海淀区	2019-2-15	RMB	3.97	59.84	否
绿亨科技	绿亨化工	农药及肥料	中国|天津市	2019-2-15	RMB	15.87	92.15	否
华统股份	浩强农牧	畜牧业	中国|浙江省|金华市	2019-2-12	RMB	10.00	100.00	是
广益达企管	味洲航食	食品制造业	中国|江苏省|南京市	2019-2-1	—	—	0.88	否
红太阳	Ruralco	农业	阿根廷	2019-1-29	RMB	23.00	60.00	否
丰乐种业	同路农业	农业	中国|四川省|绵阳市|游仙区	2019-1-25	RMB	290.00	100.00	否

续表

并购方	被并购方	行业	地区	并购结束时间	币种	并购金额（百万）	股权（%）	是否VC/PE支持
周大福投资	景谷林业	林业	中国|云南省|普洱市|景谷傣族彝族自治县	2019-1-23	RMB	1056.90	25.00	否
唐人神	比利美英	米面制品制造	中国|广东省|深圳市	2019-1-22	—	—	49.00	是
深圳九三投资	隆平高科	农业种植	中国|湖南省|长沙市	2019-1-16	RMB	829.71	5.24	否
华统股份	绿生源饲料	食品加工	中国|浙江省|丽水市	2019-1-16	RMB	13.65	70.00	是
华统股份	六和食品	肉制品及副产品加工	中国|浙江省|金华市|浦江县	2019-1-15	RMB	6.75	51.00	是
安德森斯	美国蓝星	食品加工	美国	2019-1-15	USD	98.20	21.00	否
汉和生物	广西新方向	农业	中国|广西|南宁市	2019-1-11	RMB	2.76	45.10	否
瓜尔润	康尔润食品	食品加工	中国|河北省|承德市	2019-1-8	RMB	15.00	—	否
国光股份	四川国光农资	农业	中国|四川省|资阳市|简阳市	2019-1-5	RMB	3.50	—	否
云南省财政厅，云南国资国企改革贰号基金	云天化集团	农药及肥料	中国|云南省|昆明市	2019-1-4	—	2001.00	—	否
浙江财务开发	绍兴黄酒	酒制造	中国|浙江省|绍兴市|越城区	2019-1-4	—	—	10.00	否
众兴菌业	昌宏农业	农业种植	中国|四川省|眉山市	2019-1-3	RMB	10.00	30.00	是

数据来源：私募通，西部发展研究院整理，2020年9月。